2021年度上海市教育科学研究项目
五年贯通的小学生涯教育课程体系建设研究
（课题编号C2021140）研究成果

生涯教育从娃娃抓起

上海市杨浦区政立路小学的探索

郑岭梅 / 著

上海交通大學出版社
SHANGHAI JIAO TONG UNIVERSITY PRESS

内容提要

新时期，在落实立德树人这一根本任务、全面提高义务教育质量背景下，生涯教育是推进教育教学改革，助力学生全面、个性发展，支持教师专业发展的一项有效举措。本书以上海市杨浦区政立路小学生涯教育课程建设的实践为基础，围绕课程建设的目标、内容、实施、评价、资源建设等方面，论述一所小学开展生涯教育，并形成学校特色的实践与思考，可为各小学开展生涯教育，以及大中小学一体化生涯教育体系建构，提供参考。

图书在版编目（CIP）数据

生涯教育从娃娃抓起：上海市杨浦区政立路小学的探索 / 郑岭梅著. -- 上海：上海交通大学出版社，2025. 2. -- ISBN 978-7-313-31860-2

Ⅰ. G623. 92

中国国家版本馆 CIP 数据核字第 2024DK9541 号

生涯教育从娃娃抓起：上海市杨浦区政立路小学的探索

SHENGYA JIAOYU CONG WAWA ZHUAQI:

SHANGHAISHI YANGPUQU ZHENGLILU XIAOXUE DE TANSUO

著　　者：郑岭梅

出版发行：上海交通大学出版社　　地　　址：上海市番禺路 951 号

邮政编码：200030　　电　　话：021－64071208

印　　制：上海颛辉印刷厂有限公司　　经　　销：全国新华书店

开　　本：710 mm×1000 mm　1/16　　印　　张：11

字　　数：145 千字

版　　次：2025 年 2 月第 1 版　　印　　次：2025 年 2 月第 1 次印刷

书　　号：ISBN 978－7－313－31860－2

定　　价：48.00 元

连接当下与未来，成就个体与社会
（代序）

崔允漷
华东师范大学课程与教学研究所所长、教授

三年前，我应邀参加了上海市杨浦区政立路小学举办的市级课题“五年贯通的小学生涯教育课程体系建设研究”的开题论证会。在会上，郑岭梅校长的汇报让我感到非常欣喜。这种欣喜来自她的选题——生涯规划，这对当下一些研究生来说都是一大挑战，部分人即使临近毕业，仍然对自己的未来职业方向感到迷茫。在这样的背景下，政立路小学提出“生涯教育从娃娃抓起”，我认为这项工作极具价值，值得深入研究。今天，我有幸看到该校老师们将这三年的研究工作进行整理并形成了一本相对完整的著作。在这本书中，我看到了他们对研究问题的清晰界定，对研究过程的准确把握，不仅实现了预期的研究目标，还取得了意想不到的成效。从结题报告的撰写到研究成果的传播推广，无不体现了他们的努力和专业精神。

应郑校长的邀请，我有幸提前学习和思考了如何在小学阶段开展生涯教育，借此为本书作序的机会，我想分享两点体会。

一是生涯教育为何要从娃娃抓起。生涯教育是一个综合性、系统性与递进性的教育计划，旨在帮助个体了解自己的兴趣、技能和价值观，从而找到与自身相匹配的职业，让每位学生能够“链接当下与未来，成就个体与社会”。生涯教育的宗旨在于帮助学生学会选择、学会学习、学会生活，最终达到“幸福一生”的目标。生涯教育从娃娃抓起，不仅是对传统教育方式的革新，也是对未来社会发展的必要准备。在许多发达国家，生涯教育通常从幼儿园开始，贯穿整个学龄期，甚至延伸到大学和就业阶段。这种早期介入和系统培养，有助于孩子们树立正确的职业观，减少对某些职业的刻板印象或无意识偏见，帮助他们更好地适应未来社会的变化，实现个人价值和社会需求的和谐统一。政立路小学继承了自立教育的传统，并在此基础上找到了生涯教育这一具有时代和时空属性的领域，呼应了学校所倡导的“学会自立 生动成长”理念，共同描绘了一幅以核心素养为导向、培育时代新人、具有学校特色的育人图景。

二是如何在小学阶段有效地开展生涯教育。学校使教育专门化，课程使学校教育专业化。从课程的视角看，学校大致有三类课程：列入课表的正式课程、以重大教育活动为标志的非正式课程以及依托情境、环境、文化开展的潜在课程（或隐性课程）。政立路小学除了开发独立的生涯教育课程之外，还围绕生涯规划开展了丰富的主题式学习和项目式学习，并在学科单元教学和跨学科主题学习方面作出了积极尝试，同时还探索了生涯教育融入各类校园活动的有效路径，展现了学校在积极因应新课程方案、探索育人方式变革的生动成长。

难能可贵的是，无论是他们最初设定的五年纵向贯通，还是横向融通的“课程育人、活动育人、文化育人”建设生涯教育课程的图景，抑或是从育人理念、育人目标到年度课程计划、逐年级逐学期课程内容的设计与实施，都是建立在对小学生涯教育课程的目标、内容、实施、评价四个课程要素的全面考量和顶层设计的基础上。我们看到了他们在用尽可能专业的课程思维，构建新时期的生涯教育新课程。从教师的复盘反思和学生家长的反馈中，我们真正看到了课程育人的力量与成效。

在新时期，培育有理想、有本领、有担当的时代新人，需要生动成长的学校提供沃土，需要生动成长的教师给予养分。很欣喜，政立路小学的探索，让我们看到了小学实施生涯教育的可能性与潜力，让我们看到了学生们学会自立、生动成长的模样。在此，我向他们表示衷心的祝贺！

是为序。

目录

第一章

小学生涯教育校本课程建设的缘起与行动

生涯教育是一种旨在促进学生全面发展和终身发展①的教育方式。自提出以来，它就被定义为一项覆盖从幼儿园到成年的综合性教育计划②。全球许多发达国家和地区已经通过立法、设定标准、成立专业组织、推出专门计划以及开发课程和项目等多种方式将生涯教育纳入教育体系。随着科技的发展和社会的变革，生涯教育也在不断演进，成为各国因应时代要求、推动国家繁荣和创新教育发展的关键策略之一。

新时期，学校课程不仅体现了国家意志和教育理想，也是实现立德树人根本任务的重要路径，是构建德智体美劳全面发展的教育体系的重要环节，为学校教育教学提供了基本依据③。作为基础教育课程体系的重要组成部分，校本课程应充分体现学校文化，增强学校办学特色，并推动教师的专业发展④。秉承"自立教育"的理念，政立路小学致力于将生涯课程建设作为推动教育创新和学校特色发展的重要载体，积极探索育人方式变革，致力于在新时期开创学校特色发展的新篇章。

回归育人实践，在大中小幼一体化教育背景下，将生涯教育课程建设引入小学阶段是确保其科学、系统、常态化开展的关键。这不仅能够有效

---

① 上海市教育委员会.关于加强中小学生涯教育的指导意见[EB/OL].（2018－03－26）[2020－04－26]. http://edu.sh.gov.cn/html/xxgk/201803/402152018002.html.

② 徐国民，杜淑贤，钱静峰.中小学生涯教育理论与实务[M].上海：上海交通大学出版社，2017：167－175.

③ 崔允漷，雷浩.优质学校课程建设的专业规范[J].人民教育，2019(Z2)：37－40.

④ 中华人民共和国教育部.教育部关于加强中小学地方课程和校本课程建设与管理的意见[EB/OL].（2023－05－17）[2023－06－18]. http://www.moe.gov.cn/srcsite/A26/s8001/202305/t20230526_1061442.html.

实现小学阶段生涯教育目标，还能集结各方资源，形成育人合力。政立路小学致力于围绕“学会自立　生动成长”这一办学理念，既从“纵向贯通”的视角，明确小学生涯教育的目标、内容、实施与评价，又从“横向融通”的视角，梳理生涯教育课程与学科课程、各类活动、校园文化、家庭教育等之间的关系，找到合力点，将生涯教育有机融入学校课程育人、文化育人、活动育人、实践育人、管理育人、协同育人[①]的全过程，持续推进和努力构建德智体美劳全面发展教育体系的政小探索与实践。

① 新华社.中共中央 国务院关于深化教育教学改革全面提高义务教育质量的意见[EB/OL].(2019-07-08)[2020-04-26]. http://www.gov.cn/zhengce/2019-07/08/content_5407361.htm? trs=1.

在小学开展生涯教育的缘起

小学生涯教育的必然：从国际经验、政策出发

自提出之始，生涯教育(career education)就被设计为涵盖从幼儿园到成年整个成长过程。1971 年，美国教育总署署长马兰德(Sidney P. Marland)博士在全美中学校长联席会议上的演讲中，正式提出"生涯教育"这一概念，并给出明确定义：生涯教育是一种综合性的教育计划，其重点关注个体的全部生涯发展，即从幼儿园阶段一直延续到成年。这一过程包括生涯认知、生涯探索、生涯定向、生涯准备、生涯熟练等阶段，旨在逐步培养学生的谋生技能，并帮助他们建立个人的生活形态①。此后，生涯教育逐渐被各国通过立法、制定标准和系统建构其内涵、目标体系与实施路径，成为全球教育领域的重要组成部分。

美国国会于 1974 年通过了《职业生涯教育法》，各州在联邦政府的带动下也纷纷立法，保障生涯教育的推广和实施②。1989 年，美国国家职业信息统筹委员会(National Occupational Information Coordinating Committee，NOICC)出

---

① 徐国民，杜淑贤，钱静峰.中小学生涯教育理论与实务[M].上海：上海交通大学出版社，2017：34 - 36.

② 李亦桃.美国生涯教育初探[D].重庆：西南师范大学，2005.

台了《国家生涯发展指南》(*National Career Development Guidelines*, NCDG),提出生涯教育应涵盖自我认知、教育与职业探索、职业生涯规划三大内容,并针对小学、初中、高中阶段和成人阶段分别制定了详细的能力指标①。各州据此开发与本州特点相符的生涯教育标准,建设生涯教育体系②。

英国政府于 1997 年颁布的《教育法案》规定,所有公立中等学校都要向 9～11 年级(14～16 岁的学生)提供生涯教育,从而使生涯教育第一次成为国家法定课程③。2010 年,英国教育部更新的《7～19 岁生涯教育框架》(*Careers Education Framework 7－19*)标志着英国生涯教育延伸至小学阶段④。2015 年 11 月,生涯发展学会(Career Development Institute,CDI)发布的《生涯、就业及创业能力教育框架》(*Framework for Careers, Employability and Enterprise Education*)分别针对关键阶段 2(7～11 岁)、关键阶段 3(11～14 岁)、关键阶段 4(14～16 岁)和关键阶段 5(16～19 岁)的学生提出了学习目标⑤。2021 年 4 月,生涯发展学会发布了新的《生涯发展框架》(*Career Development Framework*),增加了学前阶段和关键阶段 1(5～7 岁)的学习目标⑥。

日本文部科学省于 1999 年中央教育审议会中提出,从小学阶段开始实施职业生涯教育⑦;于 2002 年 11 月设置了关于推进职业生涯教育的综合调查研究协作者会议;于 2003 年 7 月发表中期报告中指出,儿童的全

---

① 刘元.美国 K－12 生涯教育实践模式研究[D].上海:华东师范大学,2008.

② 高艳春.美国小学生涯教育的经验及启示[D].石家庄:河北师范大学,2018.

③ 陈钰颖.英国普通中学生涯教育的发展历程研究(1973 年至今)[D].上海:华东师范大学,2022.

④ 田静,石伟平.英国生涯教育:新动向、核心特征及其启示[J].中国职业技术教育,2019(18):83－88.

⑤ 庞春敏,张伟民,劳汉生.基于"盖茨比标准"的生涯教育改革:英国新一轮生涯教育改革与启示[J].外国中小学教育,2018(10):35－44.

⑥ Career Development Institute. Career Development Framework[EB/OL]. (2021－04－21)[2021－05－05]. https://www.thecdi.net/New-Career-Development-Framework.

⑦ 刘晓萍.国际核心素养背景下日本中小学生涯教育研究[D].上海:华东师范大学,2017.

部学习活动都会对职业生涯意识的发展产生影响，因此学校教育活动必须包含这方面的教育内容；于2004年强调要以学生职业观教育为核心实施生涯教育，使生涯教育贯穿初、中等教育全过程①；于2006年11月发布《小学、初中、高中生涯教育发展手册》中提到，学校应根据学生的发展阶段开展不同的生涯教育，并加强与家庭、地区之间的相互合作，促进生涯教育的实施。2007年，新修订的《学校教育法》第二十一条（义务教育目标）中提到，重视职业基础知识与技能，培养学生尊重劳动的态度，以及选择与个人匹配的出路能力，从而正式将生涯教育纳入小学教育的目标体系②。2009年3月，文部科学省根据新修订的教育基本法中的教育理念，颁布了新的幼、小、中学校学习指导要领，明确了职业生涯教育的地位③。

我国台湾地区于1994年在教育改革审议委员会咨询报告书中第一次提出，建立系统的生涯教育规划，中小学阶段的职业教育应为系统的生涯教育规划的一部分；1998年，发布了《中小学九年一贯课程纲要总纲》，明确地将“生涯规划与终身学习”确定为民众十大基本能力之一④；同年，又将“生涯发展”确定为重要议题，并在《中小学九年一贯课程纲要重大议题（生涯发展教育）》中介绍了台湾生涯教育的基本理念、课程目标、分段能力指标等内容⑤。

我国大陆地区明确提出实施中小学生涯教育，始于《国家中长期教育和发展规划纲要（2010—2020年）》，提出建立学生发展指导制度，加强对学生的理想、心理、学业等多方面的指导⑥。在《教育部关于全面深化课程

---

① 徐国民，杜淑贤，钱静峰.中小学生涯教育理论与实务[M].上海：上海交通大学出版社，2017：34－36.

② 刘晓萍.国际核心素养背景下日本中小学生涯教育研究[D].上海：华东师范大学，2017.

③ 蔡璐.日本中小学职业生涯教育及启示[J].外国中小学教育，2017(7)：17－25.

④ 中小学九年一贯课程纲要总纲[EB/OL].[2022－04－26]. http://www.edu.tw/files/site_content/B0055/%E7%B8%BD%E7%B6%B1.pdf.

⑤ 周羽全.我国台湾地区中小学生涯教育研究[D].上海：上海师范大学，2011.

⑥ 中华人民共和国教育部.国家中长期教育改革和发展规划纲要（2010—2020年）[EB/OL].(2010－07－29)[2020－04－26]. http://www.moe.gov.cn/srcsite/A01/s7048/201007/t20100729_171904.html.

改革　落实立德树人根本任务的意见》中明确，建立普通高中学生生涯发展指导制度，指导学生学会选择课程，做好生涯规划①。由此，各省份陆续出台相关政策，各地中小学生涯教育兴起。

上海市率先发布《上海市学生职业(生涯)发展教育“十二五”行动计划》，提出“十二五”期间，学生职业(生涯)发展教育将聚焦高等学校和中等职业学校阶段，建立系统完整的高等学校和中等职业学校学生职业(生涯)发展教育内容②，并在2018年发布的《上海市教育委员会关于加强中小学生涯教育的指导意见》中提出，构建大中小幼有机衔接，内涵丰富、科学适切的生涯教育内容体系③等总体目标，中小学生涯教育的主要内容包括自我认识、社会理解、生涯规划④等主要内容。其中，小学阶段的生涯教育侧重于生涯启蒙，主要通过观察、模仿、游戏体验等活动形式，注重幼小衔接，指导学生发现并了解自身的兴趣爱好，感受学习乐趣，提高学习兴趣，增强学习自信心，引导学生形成基本的社会职业认知和人际交往能力，初步培育终身学习和发展的意识⑤等分学段实施重点。

小学生涯教育的必要：从生涯教育的内涵、育人价值出发

《国家中长期教育改革和发展规划纲要(2010—2020年)》提出，将育人为本作为教育工作的根本要求……充分发挥学生的主动性……关心每

① 中华人民共和国教育部.教育部关于全面深化课程改革　落实立德树人根本任务的意见[EB/OL].(2014-04-08)[2022-01-08]. http://www.moe.gov.cn/srcsite/A26/jcj_kcjcgh/201404/t20140408_167226.html.

②③④ 上海市教育委员会.关于印发《上海市学生职业(生涯)发展教育“十二五”行动计划》的通知[EB/OL].(2010-07-29)[2020-05-15]. http://edu.sh.gov.cn/xxgk2_zhzw_ghjh_01/20201015/v2-0015-gw_3022012007.html.

⑤ 上海市教育委员会.关于加强中小学生涯教育的指导意见[EB/OL].(2018-03-26)[2020-04-26]. http://edu.sh.gov.cn/html/xxgk/201803/402152018002.html.

个学生，促进每个学生主动地、生动活泼地发展，尊重教育规律和学生身心发展规律，为每个学生提供适合的教育[①]。这与生涯教育的理念与目标不谋而合。在生涯发展视角下，一个人的生涯发展历程，是纵贯一生、连续不断的过程，是其职业自我概念萌芽、发展、实践和形成的过程[②]，历经学前、幼儿园、小学、初中、高中、大学及之后的每一个阶段。每一个阶段，皆有其生涯发展任务。在各个阶段，各类影响生涯发展的因素相继登场、相互影响，每个人的观察学习（learning by observation）在潜移默化中进行，学习经验（learning experiences）在耳濡目染中形成，各类技能（skills）在有意无意中练就，个人的生涯发展哲学在有形无形中逐步建构（construct）……这些因素综合发挥作用，预测、指导着每个人每一个阶段的生涯选择、发展与行动。同时，在这一过程中，积极的理想信念需要慢慢浸润，各种知识和技能需要慢慢掌握，各方信息需要渐渐熟知，负责任的决策需要渐渐体验与掌握，积极的自我概念需要逐步培养，信息素养、人际沟通、问题解决、知识管理等各项通用能力和素养需要渐进养成……这些都是生涯教育的内容，都不是自然发生、一蹴而就的，需要从小培养。

小学生涯教育的必需：从新时代的特征、要求出发

随着大数据、人工智能、虚拟现实等技术的飞速发展，全球化进程中涌现了各种政治和经济问题，我们已然从 VUCA（即波动、不确定、复杂、模糊）时代步入了 BANI（即脆弱、焦虑、非线性、不可知）时代[③]。新时代的学生需要学会积极链接时代，感知不确定，积极应对不确定，养成积极、

① 中华人民共和国教育部.国家中长期教育改革和发展规划纲要（2010—2020 年）[EB/OL].（2010－07－29）[2020－04－26]. http://www.moe.gov.cn/srcsite/A01/s7048/201007/t20100729_171904.html.

② 金树人.生涯咨询与辅导[M].北京：高等教育出版社，2016：72.

③ 左秦.从 VUCA 转向 BANI，一场时代迁移[J].经理人，2023(9)：10－12.

自主、自立发展的意识，培养适应力、自我管理能力、问题解决能力、职业规划能力、独立思考能力、终身学习能力等可持续发展所需的能力[①]。这些意识、能力都是生涯教育的内涵，需要从娃娃抓起、循序渐进地培养。

在新时代背景下，我们致力于培养德智体美劳全面发展的社会主义建设者和接班人，这一教育方针赋予了生涯教育新的内涵和使命，即不仅要引导学生充分认识自我、发展自我、探索社会、感知未来，更要帮助他们建立一种将个人理想与国家发展、民族富强、社会进步紧密联系在一起的责任与担当，积极将小我融入大我。

因此，生涯教育对于满足社会发展对人才的需求，以及满足学生全面、个性化与终身发展具有重要意义。它不仅有助于充分实现个人价值，还能引导、助力融入中华民族伟大复兴进程中，对个人和社会的共赢具有重大意义[②]。加强中小学生生涯教育是促进学生全面发展和终身发展的重要举措[③]。在小学阶段实施生涯教育，是回归育人本质、加强学生发展指导和提升小学阶段教育质量的重要路径。

---

① 刘原兵.BANI时代生涯教育如何促进学生的可持续发展：以日本中小学创业体验活动为例[J].外国教育研究，2023，50(9)：69－83.

② 沈之菲.开启未来之路：中小学生涯教育实施指南[M].上海：华东师范大学出版社，2019：2.

③ 上海市教育委员会.关于加强中小学生涯教育的指导意见[EB/OL].(2018－03－26)[2024－05－29]. http://edu.sh.gov.cn/html/xxgk/201803/402152018002.html.

小学生涯教育的必经之路：课程化建设

《教育部关于全面深化课程改革　落实立德树人根本任务的意见》中提出，课程是教育思想、教育目标和教育内容的主要载体，它集中体现了国家意志和社会主义核心价值观，是学校教育教学活动的基本依据，并对人才培养质量产生直接影响①。《上海市教育委员会关于加强中小学生涯教育的指导意见》也将"开设生涯教育课程"②列为首要实施策略。因此，大中小幼一体化背景下，实施小学生涯教育课程化建设是确保生涯教育在小学阶段能够科学化、系统化、常态化开展的关键途径，是有效实现小学阶段生涯教育目标的必经之路。

以生涯校本课程建设，推动学校育人方式变革和特色发展

2019 年发布的《中共中央 国务院关于深化教育教学改革全面提高义

① 中华人民共和国教育部.教育部关于全面深化课程改革　落实立德树人根本任务的意见[EB/OL].（2014 - 03 - 30）[2024 - 05 - 29]. http://old.moe.gov.cn/publicfiles/business/htmlfiles/moe/s7054/201404/xxgk_167226.html.

② 上海市教育委员会.关于加强中小学生涯教育的指导意见[EB/OL].（2018 - 03 - 26）[2024 - 05 - 29]. http://edu.sh.gov.cn/html/xxgk/201803/402152018002.html.

务教育质量的意见》指出，要坚持立德树人，着力培养担当民族复兴大任的时代新人；要坚持“五育”并举，全面发展素质教育①，对新时期学校育人方式变革提出了明确的要求。2022年，新课程改革对未来义务教育阶段的课程与教学进行了新的制度设计，其核心追求是贯彻“课程育人”新理念，改革不适应时代发展需要的传统教育教学方式，引领育人方式变革，促进学生核心素养发展，最终实现立德树人根本任务②。2023年发布的《教育部关于加强中小学地方课程和校本课程建设与管理的意见》指出，要合理开发校本课程，服务学生个性化学习需求，培养兴趣爱好，发展特长；注重引导学生及时了解经济社会和科技等新进展、新成果；体现学校文化，增强学校办学特色。可以说，专业规范地推动课程建设是学校落实育人方式改革、探索特色发展的核心路径。

自1994年建校以来，政立路小学一直致力于实施“自立教育”，并逐步确立了“自理—自力—自励”的学生培养目标。在执行上海市“二期课改”的核心理念与三类课程进程中，学校为1—5年级的学生陆续开设了“学会自立”午会课程、“立立”兴趣课程以及“立立梦想”社团等拓展型课程，“为把学生培养成为独立的、有个性的人，将来成人后立足于社会，立足于人生”做出了诸多有益的探索。

新时期，学校遵循立德树人的根本任务和五育并举的教育理念，对前期办学经验进行了总结。我们发现，前期课程主要集中于培养学生行为习惯和兴趣，但囿于资源有限，缺少系统建构，对学生“学会自立”的内涵深度缺乏深入思考和科学理解。虽然取得了一定的成效，但较为有限。更为关键的是，“十四五”时期是学校加快发展的关键阶段。传承和发展

① 新华社.中共中央 国务院关于深化教育教学改革全面提高义务教育质量的意见[EB/OL].(2019-07-08)[2024-05-29]. http://www.gov.cn/zhengce/2019-07/08/content_5407361.htm? trs=1.

② 郝志军，宋时春.以新课程理念导引育人方式变革[EB/OL].(2022-12-28)[20224-05-29].http://zxx.edu.china.com.cn/2022-12/28/content_42218007.htm.

学校的教育理念，明确发展方向，凝练办学特色，提升办学质量，实现学校的科学发展、创新发展和特色发展，已成为全校师生的共同使命与努力方向。为此，学校进一步发展并凝练了“学会自立　生动成长”的育人理念，在这一新的办学理念引领下，学校以市级课题“五年贯通的小学生涯教育课程体系建设研究”为龙头，结合前期开设的校本课程，探索构建一个五年贯通的小学生涯教育课程体系，以引领学校的育人方式变革，推动学校的特色发展。

生涯校本课程建设路径：“纵向贯通＋横向融通”

校本课程开发活动是一种系统工程，它以学校为基地，包括课程设计、课程试验、课程评价和课程管理等关键环节①。校本课程的开发首先需要在学校办学理念的指导下，对学生的需求和学校的教育资源等进行分析和评估②，以明确课程定位。随后，应从课程目标、课程内容、课程实施与课程评价等多个方面，对校本课程进行系统设计③。在这个过程中，我们还需要考虑如何将这些课程与其他学科以及教学的其他环节结合起来④，确保它们能够全面融入学校的育人体系，以达到推动学校育人方式变革和促进学校特色发展的目的。为了确保校本课程开发的顺利进行，学校还需要建立包括课程领导共同体（含师资队伍）、课程资源保障机制和课程管理制度在内的保障系统⑤⑥。在实践中，政立路小学在“学会自立　生动成长”的育人理念指导下，以及课程领导共同体的引领、组织和保

① 廖哲勋.关于校本课程开发的理论思考[J].课程・教材・教法，2004(8)：11－18.
② 郭乐静.基于特色学校建设的校本课程开发[J].教育理论与实践，2018，38(35)：41－42.
③④ 范涌峰，戴德桥.从校本课程到特色学校：可能与方法——基于一所农村小学的行动研究[J].教育科学研究，2019(5)：66－71.
⑤ 杨元莛.校本课程开发促进学校特色发展的个案研究[D].重庆：西南大学，2019.
⑥ 陈帆.小学特色课程建设现状及对策研究[D].武汉：华中师范大学，2019.

障下，从纵向课程内容贯通和横向育人方式融通两大方向来系统建构生涯校本课程。

系统建构纵向贯通的小学生涯课程。首先，需要厘清生涯教育的内涵，尤其是在立德树人这一根本任务下和五育并举、五育融合的教育理念下，生涯教育的具体含义。这包括回答以下几个问题：生涯教育指的是什么？哪些主题属于生涯教育的范畴？哪些主题能够特别体现社会主义核心价值观和中国学生发展核心素养？生涯教育与德育、智育、体育、美育和劳动教育之间有着怎样的关联？哪些主题是生涯教育独有的？哪些主题可以与其他教育领域相互渗透？通过回答这些问题，我们可以确定生涯教育的内涵模块。

其次，我们需要借鉴国内外的成熟经验，并结合我国现行教育和考试制度，梳理学生在大中小幼不同阶段的生涯发展任务。在此基础上，明确界定整体生涯教育目标，以及小学阶段的具体目标，并确定它们与其他学段之间的衔接点。

再次，我们需要将生涯教育目标体系和内容进行校本化处理。梳理1—5年级学生的身心发展特点以及低、中、高学段的生涯发展任务。基于学校的育人理念和目标，兼顾学校的育人举措和教学节奏，将小学阶段的生涯教育目标按模块和年级进行拆解。通过这一过程，我们可以建构一个校本化、清晰、具体且可执行的小学生涯教育目标内涵体系。进而，我们可以从教学内容的梳理、教学活动的设计与实施以及教学效果的评价等方面，科学、系统、全面地建设小学生涯教育课程体系。

最后，我们将小学生涯教育内涵分解为“自我觉察与人际互动”“自觉学习与综合运用”等四大维度，并结合学生特点，拆解为1—5年级的课程目标及内涵体系；将课程内容分为“生涯主题成长，我能行”“校园小岗位，我能行”“职业微技能，我能行”“美好生活，我能行”四大模块，并根据各年级学生的身心特点、发展任务科学安排各年级具体内容。其中，“生涯主题成长，我能行”模块课程旨在为学生提供必要的生涯发展认知、技能、态度、理念指导等；“校园小岗位，我能行”“职业微技能，我能行”“美好生活，我能行”模块课程则设计了一系列综合实践活动，这些活动与学生经验、社会生活和时代发展紧密相连。在这一过程中，我们通过“体验”育德，“拓展”育智，“融合”育体，“生活”育美，“综合”育劳，推进指向五育融合的课程设计与实施。

渐进擘画横向融通的小学生涯教育画卷。大课程观下一事一物皆教育。事实上，家庭、学校、社会的每一件事物都有可能对学生的成长产生潜移默化的影响。因此，生涯教育的全面实施需要集结学生、教师、家庭和社会的力量，从校园文化建设、课程设置、校园活动开展、实践活动实施、管理制度制定以及家庭教育推行等各方面进行整体和持续的推进。在实践中，我们将生涯教育课程纳入学校教学计划，开辟拓展型课程和探究型课程的时空①，设定自主拓展型课程，并探索将生涯教育理念和方法渗透到学科课程、校内外活动、校园文化建设和家庭教育等各个实施路径和环节中，打好育人“组合拳”，并尝试将生涯教育融入导师制工作等日常活动中。最终目标是使生涯教育有机融入学校的“课程育人、文化育人、活动育人、实践育人、管理育人、协同育人”②全过程，推动学校办学特色逐步形成。

通过采用“纵向贯通”“横向融通”的双视角，学校构建起一个有机衔接、螺旋上升的五年贯通的课程体系，帮助学生适应小学阶段的学习与生活，为初中阶段的学习与生活做好准备，并适应未来发展的需求。它涵盖知识与信息、技能与能力、态度与价值观等方面，为学生全面而有个性地发展提供了支持，从而实现助力每一个学生学会自立、生动成长的目标。

---

① 拓展型课程和探究型课程：在上海市二期课改中，设置了基础型、拓展型和研究型（小学阶段为探究型）三类功能性课程。学校生涯教育课程建设始于上海市二期课改进程中，故开辟了拓展型、探究型课程空间。

② 新华社.中共中央 国务院关于深化教育教学改革全面提高义务教育质量的意见[EB/OL].(2019-07-08)[2020-04-26]. http://www.gov.cn/zhengce/2019-07/08/content_5407361.htm? trs=1.

第二章

建构小学生涯课程目标内涵体系

课程是学校教育的核心。一般来说，一个完整的课程开发过程包括目标的设定、内容的选择和组织、课程方案的实施，以及对学习内容和结果的评价等关键环节①。课程目标体系的确立，是学校编制课程计划的逻辑起点，也是建构课程体系的重要步骤，是学校教育目标和教育理念的具体化表达，决定了课程体系设计的方向，是选择和组织课程内容的基础，同时为制定课程评价标准提供了参考②，在整个课程体系的运行中发挥着至关重要的作用。

中小学生涯教育是运用系统方法，指导学生增强对自我和人生发展的认识与理解，促进学生在成长过程中学会选择、主动适应变化和开展生涯规划的发展性教育活动③。生涯具有方向性、时间性、空间性、独特性、现象性、主动性④等特点，这些特点决定了生涯教育和生涯课程的目标需要有丰富的内涵。根据课程论专家舒伯特(W.H.Schubert)提出的四类典型的课程目标取向——普遍性目标取向、行为目标取向、生成性目标取向、表现性目标取向⑤，生涯课程的目标体系应该整合这四种取向，尤其应该着重遵循生成性目标取向与表现性目标取向，即更加关注学生在课程情境中的生成性和过程性，强调教师与学生在共创性课程活动中的个性化表现。

---

① 徐玉珍.校本课程开发：概念解读[J].课程·教材·教法，2001(4)：12-17.

② 张露.小学校本化课程体系构建的实践研究[D].重庆：西南大学，2017.

③ 上海市教育委员会.关于加强中小学生涯教育的指导意见[EB/OL].(2018-03-26)[2020-04-26].http://edu.sh.gov.cn/html/xxgk/201803/402152018002.html.

④ 金树人.生涯咨询与辅导[M].北京：高等教育出版社，2016：2-3.

⑤ 张华.论课程目标的确定[J].外国教育资料，2000(1)：13-19.

1971 年，美国教育总署署长马兰德在全美中学校长联席会议上首次提出生涯教育理念，倡导一种覆盖从幼儿园到成年的综合性教育计划。这个计划把重点放在个人生涯的各个阶段，按照生涯认知、生涯探索、生涯定向、生涯准备、生涯熟练等步骤逐一实施，旨在培养学生的职业技能并帮助他们建立个人的生活形态[①]。此后，各国通过立法和制定标准，系统建构生涯教育的内涵、目标体系与实施路径等，为我们提供了参考和借鉴。

在课程建设探索与实践中，我们坚持立德树人根本任务，以学校的办学理念为出发点、落脚点，参考国内外生涯教育目标体系及其内涵，并结合各年级小学生身心发展的特点，探索建构符合本校特色的生涯课程目标体系。

① 徐国民，杜淑贤，钱静峰.中小学生涯教育理论与实务[M].上海：上海交通大学出版社，2017：167－175.

借鉴与参考：国内外小学生涯教育目标

一些发达国家和地区已经建立了体系化的生涯教育目标框架。国内也有一些地区和学校在积极探索和实践生涯教育。这些经验为我们建构学校的生涯教育课程目标提供了宝贵的借鉴与参考。

国外小学生涯教育目标

(一) 美国小学生涯教育目标

20 世纪 80 年代，美国国家职业信息统筹委员会出台了《国家生涯发展指南》①，提出了小学生涯教育的三大目标：自我认知、教育与职业探索、职业生涯规划，并将目标细化为 12 个能力和 64 个指标②。

目标一：自我认知

能力 1：懂得健康的自我概念对个人的意义。

- 描述自己和他人所看到的关于自我的积极特征；
- 意识到个人行为如何影响学校和家庭；

① 刘元.美国 K－12 生涯教育实践模式研究[D].上海：华东师范大学，2008.

② Bloom J W. NOICC Elementary School Competencies and Indicators[EB/OL]. [2024－08－10]. https://www.counseling.org/resources/library/ERIC%20Digests/96－05.pdf.

- 描述个人行为如何影响他人的感受和行为；
- 对自我表现出积极的态度；
- 明确自己的兴趣、能力、优势和劣势；
- 描述通过工作来满足个人需求的方法；

能力 2：掌握与别人沟通的技巧。

- 意识到每个人都独一无二；
- 拥有与他人有效沟通的能力；
- 拥有解决冲突的能力；
- 拥有成为团队成员的能力；
- 识别同伴压力的来源和影响；
- 当同伴压力的来源或影响与自己信念相违背时能表现出适当的行为；
- 理解不同人在文化、生活方式、态度和能力上的不同；

能力 3：认识到成长和改变的重要性。

- 能认识自身的情绪；
- 知道表达自身感受的方式；
- 能描述压力的来源；
- 识别并选择适当的行为来处理特定的情绪；
- 有应对自我和他人的冲突、压力和情绪的健康方式；
- 有良好的健康生活习惯；

目标二：教育与职业探索

能力 4：意识到教育成功带来的益处。

- 描述如何在家庭和社区中运用所学知识；
- 明确个人在学科领域的优势和不足；
- 明确一些学术群体所需的技能；
- 描述能力、努力和成就之间的关系；
- 实施一项提高学术技能的计划；

- 描述与工作成功所必需的技能；
- 描述不同职业的教育需求量；

能力 5：认识到工作与学习的密切联系。

- 明确不同类型的工作(有偿的和无偿的)；
- 描述为职业做准备的意义；
- 展现有效学习和寻求信息的习惯；
- 了解实践、努力和学习的重要性；
- 描述当前学习如何与工作相关；
- 像描述一个成年工作者的角色一样描述学生的角色；

能力 6：能够掌握、运用生涯信息。

- 描述家庭成员、学校人员以及社区工作人员的工作；
- 根据数据、人物和事物识别职业；
- 确定感兴趣的工作活动；
- 分别描述信仰、态度、兴趣和能力与职业的关系；
- 描述本地社区中存在的工作；
- 明确职业的工作条件(例如，室内或室外、危险性)；
- 描述个体经营和为别人工作的不同；
- 描述父母、邻居、成年朋友和亲戚是怎样提供职业信息的；

能力 7：认识到个人应当承担的责任以及养成好的工作习惯的重要性。

- 描述个人素质(可靠性、及时性、与他人相处)对获得和留住工作的意义所在；
- 表现出积极的工作态度；
- 描述员工之间合作完成任务的重要性；
- 展现与不同于自己的人(种族、年龄、性别)共事的能力；

能力 8：认识到工作是如何与社会的需求和功能相联系的。

- 描述工作怎样满足个人需求；

- 描述当地雇主的产品和服务；
- 描述工作如何帮助克服社会及经济问题；

目标三：生涯规划

能力9：理解如何做选择。

- 描述如何做出选择；
- 描述从犯错误中可以学到的东西；
- 识别和评估干扰目标实现的问题；
- 明确解决问题的策略；
- 在决策情况下能做出选择；
- 描述个人信仰和态度如何影响决策；
- 描述决策如何影响自己和他人；

能力10：意识到不同生活角色之间的关系。

- 描述个人可能拥有的不同角色（例如：朋友、学生、工人、家庭成员）；
- 描述在家庭、社区和学校中可以做什么工作；
- 描述家庭成员怎样相互依托、共同合作和共享责任；
- 描述工作的角色怎样填充家庭的角色；

能力11：意识到不同的职业生涯男女角色的变化。

- 描述工作对所有人的重要性；
- 描述男女在工作场所和家庭环境中不断变化的生活角色；
- 描述家庭内外个人的贡献的重要性；

能力12：意识到生涯规划的过程。

- 描述规划的重要性；
- 描述各种职业群体所需的技能；
- 完成一份小学水平的个人生涯规划。

在美国联邦政府的推动下，大多数州根据本州的特点开发了相应的生涯教育标准，并细化到各个教育阶段。以生涯教育体系非常完善的纽约州为例，该州将小学阶段的生涯教育重点放在“自我探索”和“职业了解”上，并将目标分解为“生涯发展目标”“整合学习目标”和“通用基础技能目标”三个方面①：

生涯发展目标：要求学生能够了解工作世界的变化，理解工作对社会的价值以及工作与实现个人目标之间的关系。

整合学习目标：鼓励学生在与生活技能和工作世界相关的活动中运用基本学术概念、事实和程序，帮助学生认识到平时所学概念的实用性，并理解这些概念在工作世界中的潜在应用。

通用基础技能目标：确保学生掌握在工作场所取得成功所必需的基础技能和能力。具体包括：① 基础技能，包括听、说、读、写、基础算术以及数学函数运算的能力；② 思考能力，提升学生解决问题、试验和观察的技能，并使其能够在全新的和不熟悉的环境中应用这些技能；③ 个人素质，包括自我管理以及计划、组织和采取独立行动等能力；④ 人际交往能力，有助于在家庭、社会和工作环境中的各种规模团队中发挥团队精神和合作精神；⑤ 技术，利用现有资源设计和创造事物，以满足个人和社会需求的技能；⑥ 信息管理能力，获取和使用来自不同来源（如其他人、社区资源和计算机网络等）的信息的能力；⑦ 资源管理能力，有效利用资源（包括财务、人力、时间、材料等），以成功执行计划的能力；⑧ 使用系统的能力，理解自然或人造系统，并在其中有效工作的能力。

（二）英国小学生涯教育目标

英国历来重视学生生涯发展目标的制定，从 1997 年颁布的《教育法案》开始，就明确要求所有公立中等学校都有责任为 9—11 年级的学生提供生涯教育，这一政策不断发展并延续至今。2010 年，英国教育部更新的《7～19 岁生涯教育框架》代替了原有的针对 11～19 岁学生的生涯教育框架，标志

① Learning standards for career development and occupational studies at three levels[EB/OL]. [2024-08-12]. http://www.p12.nysed.gov/cte/cdlearn/documents/cdoslea.pdf.

着英国职业生涯教育的对象拓展到了小学生群体①。2012 年，生涯教育和指导协会(Association for Careers Education and Guidance)发布了关于生涯学习的框架，提出了关键阶段 2(7～11 岁)的职业生涯启蒙教育建议②。

为进一步细化生涯教育的发展目标，生涯发展学会于 2015 年 11 月发布了《生涯、就业及创业能力教育框架》，并在 2018 年 8 月对其进行了修订，分别针对关键阶段 2(7～11 岁)、关键阶段 3(11～14 岁)、关键阶段 4(14～16 岁)和关键阶段 5(16～19 岁)学生提出了学习目标③。

2021 年 4 月，生涯发展学会发布了新的《生涯发展框架》，涵盖终身发展、探索可能性、管理生涯、创造机会等 6 个核心学习领域、36 个具体要点目标，并将学生群体拓展到学前阶段和关键阶段 1(5～7 岁)④。其中，小学阶段在生涯发展方面的具体学习目标如表 2.1 所示。

表 2.1　英国小学阶段的生涯学习目标

学习领域	关键阶段 1(5～7 岁)	关键阶段 2(7～11 岁)
终身发展	(1) 自信地寻求帮助。 (2) 识别在学习上取得的成功。 (3) 愿意挑战自我。 (4) 探索个人的经历和成就。 (5) 对那些身份和背景与自己不同的人持积极态度。	(1) 能够描述自己是如何接受帮助的。 (2) 认识到自己接下来想学的东西以及何时会达成。 (3) 愿意接受有助于个人成长的挑战。 (4) 记录和评论自己的经历和成就。 (5) 与不同身份和背景的人交往。

① 田静，石伟平.英国生涯教育：新动向、核心特征及其启示[J].中国职业技术教育，2019(18)：83－88.

② 陈伊苗，刘佳.英国小学阶段的职业生涯启蒙教育——来自英国“生涯相关学习”的经验[J].职业教育研究，2022(9)：89－96.

③ 庞春敏，张伟民，劳汉生.基于“盖茨比标准”的生涯教育改革——英国新一轮生涯教育改革与启示[J].外国中小学教育，2018(10)：35－44.

④ Career Development Institute. Career Development Framework[EB/OL].(2021－04－21)[2021－05－05]. https://www.thecdi.net/New-Career-Development-Framework.

续　表

学习领域	关键阶段 1(5～7 岁)	关键阶段 2(7～11 岁)
探索可能性	(1) 意识到工作是由任务组成的。 (2) 探索涉及照顾儿童和确保儿童安全的工作内容。 (3) 能够列举不同行业的工作实例。 (4) 能够表达自己对不同工作之间异同点的看法。 (5) 调查男女工作服的异同。 (6) 能够说明自己从正在学习的学科和主题中获得了什么。	(1) 能够说明自己喜欢的任务类型以及最不喜欢的具体工作。 (2) 了解从事关爱他人的工作所需的品质和技能。 (3) 能够设计一个方案来对一系列工作进行分类。 (4) 能够表达自己对特定工作的兴趣。 (5) 探讨制服和社会地位之间的联系。 (6) 认识到进一步学习的学科或研究的主题有助于自己在职业生涯中获得资格和进步。
管理生涯	(1) 认识到自己和其他人选择工作是基于喜好。 (2) 对即将学习的东西充满期待。 (3) 描述自己正在努力实现的一个目标或多个目标。 (4) 积极尝试不同的方法来应对挑战。 (5) 意识到决策可能会带来意想不到的结果。	(1) 意识到选择和机会可以使职业生涯成为可能。 (2) 认识到即使最初学习时有困难，也能在学习新东西后取得成绩。 (3) 制订逐步计划，帮助自己实现目标。 (4) 意识到有备选计划可以帮助应对主计划没有成功所带来的失望，或者带来不同的回报。 (5) 能够权衡自己想要做的一个选择的利弊。
创造机会	(1) 识别新近出现的工作机会。 (2) 能够描述自己的需求。 (3) 选择自己想要实现的目标和前进的方式。 (4) 了解如何在工作环境中与同事和客户进行沟通。 (5) 能够在基于商业活动的集体比赛或团队合作中做出积极贡献。 (6) 思考自己想要询问来访者关于他们工作的哪些问题。	(1) 预见未来可能需要的新工作类型。 (2) 对可以帮助自己确定需求且值得信赖的成年人做出回应。 (3) 反思自己取得了什么成绩，以及下次会如何做得不同或更好。 (4) 探索人们在工作环境中是如何交往的。 (5) 能够在集体比赛或团队合作中扮演不同的与工作相关的角色，包括在需要时担任领导。 (6) 说明自己从来访者那里发现的关于自己创业的启发。

续　表

学习领域	关键阶段 1(5～7 岁)	关键阶段 2(7～11 岁)
平衡生活与工作	(1) 认识到自己对家庭工作的贡献。 (2) 了解志愿者的工作内容，以及如何才能成为志愿者。 (3) 探索自己想从有偿工作中获得的回报。 (4) 意识到过度工作对健康的危害。 (5) 认识到在学校保护自己安全的途径。 (6) 探索人们刚开始工作时会发生什么。 (7) 意识到自己和他人可以确保人们在工作中得到公平对待。 (8) 知道如何赚钱。	(1) 能够根据在家里所做的工作来说明对劳动分工的想法。 (2) 了解慈善机构的工作内容，以及如何成为慈善工作者。 (3) 认识到人们在选择带薪工作时会寻求不同的回报。 (4) 意识到生活和工作不平衡会影响人的幸福感。 (5) 认识到自己能做些什么来保护自己和他人在学校的安全。 (6) 认识到人们的工作需求在一生中会发生改变。 (7) 认识到影响机会平等的障碍，并愿意挑战它们。 (8) 能够做出关于储蓄、开支和预算的决策。
了解全局	(1) 意识到工作在不同故事中可能被描述成不同样子。 (2) 认识到工作展现的方式并不总是准确或可靠的。 (3) 探索当前人们职业生活的变化趋势。 (4) 意识到科技辅助设备如何帮助人们更有效地工作。 (5) 探索在学校环境中促进可持续性的做法。 (6) 探索人们如何在工作中互相帮助。	(1) 当工作是故事主题时，能意识到作者想要引发哪些思考。 (2) 能够评估自己发现的信息是否准确或可靠。 (3) 意识职业生活可能随着时间推移而发生怎样的变化。 (4) 探索影响人们工作方式的科学技术发展的好处和可能产生的缺点。 (5) 探索有助于保护环境的工作机会和工作方式。 (6) 探索自己和其他人可以如何防止人们从事有害的工作。

2023 年 1 月 5 日，英国教育部公布小学阶段新的生涯教育计划，将技能提升伙伴协会(Skills Builder Partnership)基于“盖茨比基准”提出的八大基本技能框架(见图 2.1)作为该计划的技能目标指南。八大基本技能涵盖了小学生应该具备的对待职业的情感、态度和未来职业所需的各项技能，力求为小学阶段的生涯教育提供目标更加清晰明确、实践技能更具

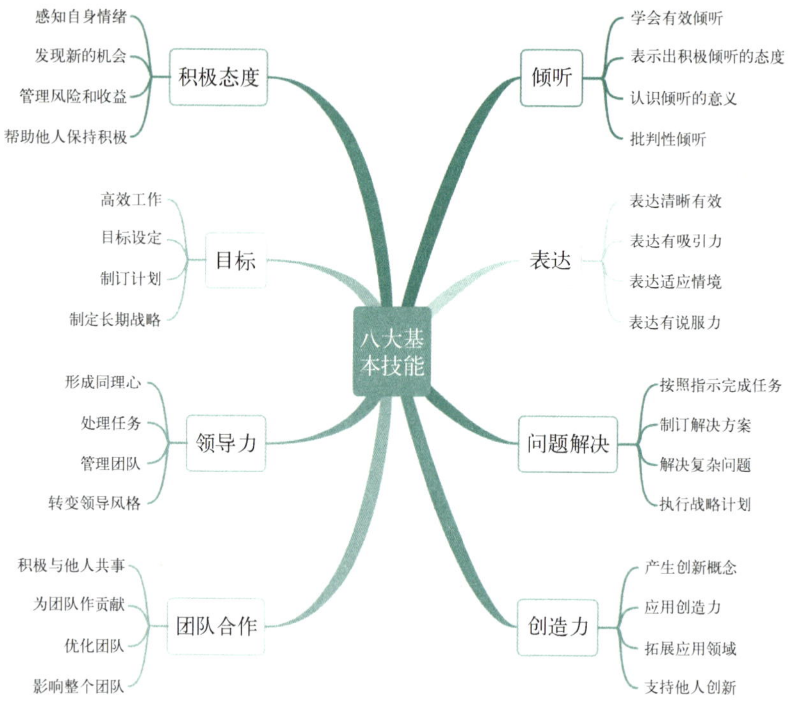

图 2.1　技能提升伙伴协会发布的八大基本技能框架

操作性的发展框架①。

(三) 加拿大小学生涯教育目标

加拿大的教育体系融合了英国的学术严谨和美国自由创新的特点，结合自身上百年的实践经验，形成了从小学到大学完整的职业生涯教育“链”②。由于加拿大是联邦制国家，没有全国统一的教育管理部门，教育事务由各省自行负责，因此各省的生涯教育各具特色③。以加拿大首都渥太华所在的安大略省为例，可以一窥加拿大生涯教育的目标和实践。

① 刘禹卓，刘超. 英国小学阶段生涯教育的多元化实施路径[J]. 上海教育，2023(11)：12-15.
② 张晓露. 加拿大：从小学到大学的职业生涯教育链[J]. 上海教育，2014(29)：31-35.
③ 刘瑶. 加拿大 B.C.省中小学职业生涯教育课程研究[D]. 济南：山东师范大学，2020.

安大略省注重通过政策来推动学校生涯教育的开展。例如，2013 年发布的《创造通往成功之路：安大略省学校教育与生涯/生活规划方案，政策和项目要求，从幼儿园到 12 年级》政策文件，明确了中小学生涯教育课程的总体目标：旨在让学生掌握关于自我认知、机会探索、目标制定和计划执行等方面的知识与技能，鼓励学生主动探索个人在教育和职业领域的发展机会，并在学习过程中逐步设定不同阶段的目标、制订并执行实现目标的计划①，具体体现在以下四个领域②。

(1) 在自我认知领域，鼓励学生深入认识自我。第一，明确自己的兴趣与优势，认识到自己的成就与不足，了解自己所具备的知识与技能，以及自己坚持的价值观；第二，了解影响个人发展的因素，以及这些因素对未来发展的潜在影响；第三，认识到个人特征、行为与思想之间的相互作用，以及这些因素如何影响未来教育、生活和职业发展。

(2) 在机会探索领域，鼓励学生主动识别和抓住发展机会。第一，明确机会的内涵及其对个人发展的意义；第二，提高对学校和社区中存在的机会的认识；第三，主动探索不同职业及其相关领域，了解社会环境如何影响机会的产生；第四，通过调查了解学校和社区中各种职业所需的经验、教育、培训和技能要求，知道如何为自身职业生涯发展做出相应的准备。

(3) 在目标设定和决策领域，鼓励学生明确自己的发展目标。第一，认识到机会的要求和可能的结果，并评估这些因素与自身条件的匹配程度；第二，在决策过程中明确自己在教育和职业生涯等方面的目标；第三，根据环境变化和个人情况的演变，及时反思并调整自己的目标。

(4) 在目标实现和过渡领域，鼓励学生制订并执行实现目标的计划。一方面，制订明确的计划，确定实现目标的步骤和具体目标；另一方面，了

① Ontario Ministry of Education. Creating pathways to success[R/OL]. [2022-04-25]. https://www.edu.gov.on.ca/eng/document/policy/cps/creatingpathwaysuccess.pdf.

② 谢小梅.加拿大安大略省中小学职业生涯教育课程研究[D].长春：东北师范大学，2020.

解实施计划所需的资源，以及在计划执行过程中可能遇到的困难和阻碍，并能够找到相应的解决方法。

2016 年，安大略省更新了政策文件《安大略省的学校：幼儿园至 12 年级的政策与项目要求》（Ontario schools kindergarten to grade 12 policy and program requirements），明确指出每所学校都应实施职业生涯教育，强调学生发展的主要目标是获得高效学习、与不同人群有效合作，以及设立并追求教育与职业生涯目标的知识与技能。这些目标主要涉及个体发展、人际交往发展和职业生涯发展三大领域①。其中，职业生涯发展目标的内涵与《创造通往成功之路》政策文件中提及的四大领域的目标相一致。

（四）日本小学生涯教育目标

日本的生涯教育可追溯到 1957 年，当时中央教育审议会发布的《科学技术教育振兴方案》中首次提出了“进路指导”。经过多年的发展，日本生涯教育强调以能力培养为核心，从小学阶段开始，实施与学生身心发展相适应的分阶段、系统性教育②。2006 年，日本文部科学省提出了生涯课程的四大领域八大能力目标框架，包括社交能力（涵盖理解自己及他人的能力、沟通能力）、活用信息能力（涵盖信息收集与探索能力、职业理解能力）、未来规划能力（涵盖职责把握与认知能力、计划执行能力）和意志决定能力（涵盖选择能力、问题解决能力）。到了 2011 年，文部科学省在前述框架的基础上进行了补充、完善，提出以培养学生获得社会自立和职业自立所需的“基础性与通用性能力”为新的生涯教育目标，这些能力具体包含四大方面③：

（1）人际关系形成与社会关系形成能力：这包括理解他人的想法和立场，认真倾听他人的意见，正确地表达自己的想法，接受当前环境并承

---

① Ontario Ministry of Education. Ontario schools, kindergarten to grade 12: policy and program requirements[EB/OL]. [2022 - 04 - 25]. https://torontoeschool.com/pdf_files/MOE/policy/2016_Ontario_Schools_Policy_and_Program_Requirements.pdf.

② 刘晓萍.国际核心素养背景下日本中小学生涯教育研究[D].上海：华东师范大学，2017.

③ 蔡璐.日本中小学职业生涯教育研究[D].上海：上海师范大学，2017.

担自己的责任，以及积极与他人合作，共同参与社会建设。

（2）自我理解与自我管理能力：这涉及在与社会的互动中了解自己的能力、价值观和愿望，并且能够进行自我反思、自我管理和自我提升。

（3）问题解决能力/课题对应能力：这是指能够发现和分析在学习与工作中遇到的问题或课题，并制订合适的计划来解决问题。

（4）职业生涯规划能力：这要求在理解工作的意义、了解工作的种类和不同生活方式的基础上，结合对自身独特性的分析，经过客观严谨的自我判断和选择，形成个人的职业生涯规划。

上述四项能力要求学校在实施生活教育时以此为基础，并根据个体生涯发展的规律，在不同教育阶段有所侧重①。

从上述生涯教育经验来看，制定小学生涯教育目标时首先应确定生涯教育需要涵盖的主要模块（比如，自我认知、生涯探索/教育与职业探索、生涯规划/生涯管理）或核心能力（比如，人际交往能力、自我管理能力、问题解决能力、职业生涯规划能力等），然后，细化每个方面需要达成的具体能力指标，以此建立一个体系化的生涯教育目标框架。此外，一些国家或地区还会根据不同年龄段学生身心发展水平的差异，分别制定小学不同阶段具体的生涯教育目标。

国内小学生涯教育目标探索

我国在中小学推广生涯教育的政策导向，最初体现在《国家中长期教育和发展规划纲要（2010—2020年）》中，强调“建立学生发展指导制度，加强对学生的理想、心理、学业等多方面的指导”②。随后，《教育部关于全面

① 任平，欧丽贤.日本中小学生涯教育的课程改革[J].湖南师范大学教育科学学报，2022，21(2)：103-110.

② 新华社.国家中长期教育改革和发展规划纲要（2010—2020年）[EB/OL].（2010-07-29）[2022-01-08].http://www.gov.cn/jrzg/2010-07/29/content_1666978.htm.

深化课程改革　落实立德树人根本任务的意见》进一步明确了“建立普通高中学生生涯发展指导制度，指导学生学会选择课程，做好生涯规划”①。这些政策的提出，促使各省份相继推出相应的实施细则，从而在全国范围内推动了中小学生涯教育的发展。

上海市在生涯教育领域走在前列，发布了《上海市学生职业（生涯）发展教育“十二五”行动计划》，提出“‘十二五’期间，学生职业（生涯）发展教育将聚焦高等学校和中等职业学校阶段，建立系统完整的高等学校和中等职业学校学生职业（生涯）发展教育内容”②。进一步地，上海市教育委员会于2018年出台了《关于加强中小学生涯教育的指导意见》，提出了“构建大中小幼有机衔接，内涵丰富、科学适切的生涯教育内容体系”③等总体目标，以及“小学阶段的生涯教育侧重于生涯启蒙。主要通过观察、模仿、游戏体验等活动形式，注重幼小衔接，指导学生发现并了解自身的兴趣爱好，感受学习乐趣，提高学习兴趣，增强学习自信心，引导学生形成基本的社会职业认知和人际交往能力，初步培育终身学习和发展的意识”④。

北京市朝阳区幸福村学区自2009年1月起开展小学生涯教育，并为生涯教育设定了三个主要目标：① 构建完整人格。既着眼于促进青少年学生的身心和谐发展，为他们的终身幸福奠定基础，又着眼于学生的自我认知和个性爱好的健康发展，帮助他们深化对生命价值和生活意义的理解，关注自身发展；② 有效适应社会。着眼于增强学生在学习和社会生活

① 中华人民共和国教育部.教育部关于全面深化课程改革　落实立德树人根本任务的意见[EB/OL]. (2014-04-08)[2022-01-08]. http://www.moe.gov.cn/srcsite/A26/jcj_kcjcgh/201404/t20140408_167226.html.

② 上海市教育委员会.关于印发《上海市学生职业（生涯）发展教育“十二五”行动计划》的通知[EB/OL]. (2010-07-29)[2024-05-15]. https://edu.sh.gov.cn/xxgk2_zhzw_ghjh_01/20201015/v2-0015-gw_3022012007.html.

③④ 上海市教育委员会.关于加强中小学生涯教育的指导意见[EB/OL]. (2018-03-26)[2020-04-26]. http://edu.sh.gov.cn/html/xxgk/201803/402152018002.html.

中的实践体验，为他们学会安排生活、确定自己在生活中的角色、树立远大理想提供支持；③ 达成自我实现。通过引导学生感悟生命、感恩生活、规划生涯，帮助他们认识到"我是谁""我要到哪里去""我该如何到达那里"，从而树立服务社会和个人发展的理想①。

北京市京源学校小学部根据学生的年龄和身心发展特点，为不同学段设定了差异化的生涯教育目标。小学低年级的目标包括：适应新环境，培养良好的学习习惯，实现良好的幼小衔接；养成良好的文明行为习惯；培养对劳动者的热爱和对劳动成果的尊重，热爱劳动；培养其班级意识、团结意识。小学中年级的目标包括：对自我进行初步探索，了解自己的兴趣、爱好、特点以及自己的长处与不足；激发学习兴趣，培养良好的学习习惯，形成良好的学习方法；激发对工作世界的好奇心，初步了解生活中的常见职业。小学高年级的目标包括：掌握有效的学习方法；培养与他人合作的能力和时间管理的能力；了解不同工作的分类；培养体验真实情境中各种职业角色的兴趣和热情；树立未来的理想和信念②。

上海市静安区基于对舒伯生涯发展理论的认识，并结合区域实际情况，将小学阶段的生涯教育目标确立为对学生进行生涯启蒙教育，具体包括以下方面：培养学生的生涯意识；指导学生发现并了解自身的能力、兴趣和爱好等；帮助学生感受学习的乐趣，提高学习兴趣，理解当前学习对未来学习、工作与生活的影响；加强学生对学校、家庭、社区以及周边社会的认识，帮助学生了解社会各行各业的工作，树立正确的劳动价值观，初步具备分工合作意识③。

---

① 田光华.全方位推进生涯教育，促进师生幸福成长：基于北京市朝阳区幸福村学区小学生涯教育的实践探索[J].中小学心理健康教育，2016(23)：47－50.

② 袁榕蔓.小学阶段生涯教育实践探索：人生规划在童年[J].中小学心理健康教育，2015(23)：46－48.

③ 杨红梅.加强区域顶层设计，助推学校生涯教育——上海市静安区小学生涯教育的实践与探索[J].现代教学，2020(Z2)：90－93.

台湾地区教育主管部门于1998年发布了《中小学九年一贯课程纲要总纲》，明确地将“生涯规划与终身学习”确定为民众十大基本能力之一①；同年，又将“生涯发展”确定为重要议题，并在《中小学九年一贯课程纲要重大议题(生涯发展教育)》中介绍了台湾生涯教育的基本理念、课程目标、分段能力指标，以及生涯发展教育融入七大学习领域与十大基本能力之对应表、主要内容等②。

台湾中小学生涯发展教育课程主要涵盖自我觉察、生涯觉察，以及生涯探索与进路选择三大领域，总目标是：① 让学生了解自己，培养积极乐观的态度以及良好的品德和价值观；② 认识工作世界，并学习如何提升职业生涯所需的基本能力；③ 掌握工作世界所需的一般知识和技能，同时培养独立思考和自我反省的能力，以增强职业生涯的信心；④ 了解教育、社会及工作间的关系，学习各种开展生涯的方法与途径；⑤ 利用社会资源与个人潜能，培养组织和规划职业生涯的能力，以适应社会环境的变化。

在课程目标的基础上，台湾教育部门进一步明确了中小学不同阶段所应达到的生涯能力指标。其中，小学阶段的生涯能力指标如表2.2所示。

表2.2　小学阶段生涯发展教育能力指标对照表

指　　标	第一阶段 (小学1—2年级)	第二阶段 (小学3—6年级)
自我觉察	1-1-1　养成良好的个人习惯与态度 1-1-2　认识自己的长处及优点	1-2-1　培养自己的兴趣、能力

① 中小学九年一贯课程纲要总纲[EB/OL].[2022-04-26]. http://www.edu.tw/files/site_content/B0055/%E7%B8%BD%E7%B6%B1.pdf.

② 周羽全.我国台湾地区中小学生涯教育研究[D].上海：上海师范大学，2011.

续 表

指　　标	第一阶段 （小学 1—2 年级）	第二阶段 （小学 3—6 年级）
生涯觉察	2-1-1　培养互助合作的生活态度	2-2-1　培养良好的人际互动能力 2-2-2　激发对工作世界的好奇心 2-2-3　认识不同类型工作内容 2-2-4　了解工作对个人的意义及社会的重要性 2-2-5　培养对不同类型工作的态度
生涯探索与进路选择		3-2-1　培养规划及运用时间的能力 3-2-2　学习如何解决问题及做决定

除了学校生涯教育实践外，还有一些学者对小学生涯教育目标提出了一些设想。傅宏认为小学阶段生涯教育的目标应该包括：① 知识与技能方面，初步认识周围常见的职业类型及其工作内容，初步认识自己的职业兴趣与爱好、优缺点、能力，并产生职业意向的雏形；② 过程与方法方面，了解搜集职业知识和信息的途径，培养自己的职业兴趣与爱好，增强自己的职业能力，形成团结合作的态度与能力；③ 情感态度与价值观方面，理解和学习劳动与工作的意义和价值，激发探索职业世界的好奇心，初步培养职业情感、职业道德、职业责任感，初步形成科学的职业价值观①。陈琛认为小学生涯教育应该分阶段设立目标：6～8 岁为第一个阶段，目标是认识不同的职业类别，认识不同的职业角色，认识自己的兴趣和需求，形成基本的社会成员意识；9～12 岁为第二个阶段，目标是认识自己的兴趣和能力优势，了解职业对个体的要求，理解不同职业角色的意义，发展对社会的责任感和对工作的认同感②。吴清英认为小学生涯教育的目标包括：① 认知方面，认识自我、定位人生角色，了解社会与职业；② 能力方面，体验生涯角色，开发生涯潜能；③ 情感、态度、价值观方面，培养积

① 傅宏.中小学职业生涯教育课程研究[D].青岛：青岛大学，2016.
② 陈琛.创新小学阶段儿童职业生涯教育路径的探讨[J].福建教育学院学报，2017，18(4)：4.

极、主动的生涯态度与信念，培养生涯规划、社会适应、责任担当意识①。沈之菲认为，小学阶段的生涯教育目标是：帮助学生发现并了解自身的兴趣爱好，形成基本的生涯认识和人际交往能力，初步培育终身学习和发展的意识②。梁思明提出小学5—6年级生涯课程的总体目标是：加深对自我的了解与认识，提高自我认知能力；初步了解职业世界，认识外部社会环境；培养自我管理和人际交往能力，将所学知识与未来建立联系，对未来充满憧憬，初步规划未来发展目标，过有意义的一生③。江潇雯认为，小学生涯教育目标应根据不同年级学生能力发展的水平而有所不同：低年级重点在于引导学生对自我优缺点的认识和良好习惯的养成；中年级在于培养学生的兴趣，激发学生对不同职业的好奇心，认识不同类型的工作内容；高年级在于引导学生思考自我兴趣如何与未来职业结合，认识到当前所学知识在未来工作和生活中的应用，培养规划与运用时间的能力，学习如何解决问题和做出决策，提高学习意识和主动性，树立正向的学习观念，培养积极的学习态度④。

综上所述，国内各地区、学校或学者提出的小学生涯教育目标主要涉及认知、能力和情感态度三大领域：认知领域包括自我认知、职业认识、社会了解，以及学习与生活、工作的关联等内容；能力领域包括搜集信息、发展兴趣爱好、开发潜能、自我管理、人际交往、生涯规划等能力；情感态度领域包括积极的学习态度、良好的行为习惯、正确的劳动观、团结合作的态度、责任意识、终身学习与发展意识等。有的学校和学者会将小学划分为几个阶段，并为每个阶段设置具体的生涯教育目标。与发达国家和地区相比，国内生涯教育目标涉及的领域大体相同，但尚未形成体系化的生涯教育目标框架。

---

① 吴清英.小学生涯规划教育课程建设初探[J].中小学心理健康教育，2018(20)：31-33.

② 沈之菲.开启未来之路：中小学生涯教育实施指南[M].上海：华东师范大学出版社，2019：5-6.

③ 梁思明.小学5—6年级生涯教育课程设计研究[D].石家庄：河北师范大学，2020.

④ 江潇雯.小学生涯教育现状研究[D].上海：上海师范大学，2022.

探索与建构：校本生涯课程目标内涵体系

围绕“学会自立　生动成长”的办学理念，结合国内外生涯教育经验、学校实际，政立路小学对生涯教育课程目标做了系统规划。

四大领域目标内涵

通过对国外小学生涯教育目标内涵的整理、分析，发现生涯教育目标越来越趋向于从能力、素养进行界定，具体涉及“自我认知”“人际互动”“学习习惯与方法”“学习与生活、工作的密切联系”“职业内涵认知”“职业世界的变化及影响因素”“收集和辨别职业信息”“决策”“目标管理”“问题解决”“综合素养”等十几个维度的内容(见表 2.3)。其中，被提及最多的是“自我认知”“人际互动”“职业内涵认知”“目标管理”“决策”和“问题解决”；其次是“生涯规划”“成长与改变”“学习习惯与方法”“学习与生活、工作的密切联系”“职业好奇心和态度”“职业世界的变化及影响因素”和“综合素养”中的“自我反思能力”和“自我管理能力”；“学习兴趣”“收集和辨别职业信息”，以及“时间管理能力”“资源管理能力”“信息管理能力”“理财能力”“领导力”“创造力”等综合素养，也受到越来越多的重视。此外，表 2.3 中的这些维度之间并不是截然分开的，存在一定的关联、交叉。比如，在美国的目标体系中，自我认知领域分解为“自我概念”“人际互动”与“成长与改变”三个方面；在日本的目标体系中，则把人际沟通与社会关系合在一起命名为“人际关系形成与社会关系形成能力”，把自我认知、素养相关内容合在一起命名为“自我理解与自我管理能力”。还如目标管理、问题解决等，在美国的目标体系中，是归属于“生涯规划”领域中的“理解如何做选择”相关能力中；在英国的目标体系中，把“问题解决”和“目标管理”相关内容归属在“管理生涯”板块，并且列入八大基本技能中；在日本的目标体系中，“问题解决”则被列为四大能力之一。

表 2.3　国外生涯教育目标汇总

属　性	核心目标内容	美国联邦	美国纽约州	日本	英国	加拿大安大略省
自我认知/自我概念	自我概念与态度	✓			✓	
	兴趣、能力、价值观、优劣势	✓		✓	✓	✓
	个人的独特性	✓		✓		
	个人因素的影响	✓				✓
	影响自身发展的因素					✓
人际互动	人际交往	✓	✓	✓	✓	
	团队合作	✓		✓	✓	
成长与改变	情绪、压力管理	✓			✓	
	健康生活习惯	✓				
学习兴趣	学习兴趣				✓	
学习习惯与方法	学习习惯	✓				
	总结、反思、改进学习	✓			✓	✓

续 表

属 性	核心目标内容	美国联邦	美国纽约州	日本	英国	加拿大安大略省
学习与生活、工作的密切联系	学习与生活、工作的关联性	✓	✓		✓	
	在实践中运用所学知识	✓	✓			
职业好奇心和态度	职业好奇心			✓		
	正确的劳动观和职业观	✓				
职业内涵认知	工作的意义/重要性	✓	✓	✓	✓	✓
	职业种类	✓		✓	✓	
	职业要求	✓			✓	✓
	工作内容	✓			✓	✓
	个人特征跟职业的关联	✓				
职业世界的变化及影响因素	职业世界的变化	✓			✓	
	影响职业世界的因素				✓	✓
收集和辨别职业信息	收集职业信息的方法	✓				
	辨别职业信息				✓	
决策	决策的意义	✓			✓	
	影响决策的因素	✓				
	做决策的方法	✓		✓	✓	✓
目标管理	设定目标				✓	✓
	制订计划		✓	✓	✓	✓
	执行计划		✓			
	反思、调整目标	✓				✓

续　表

属　性	核心目标内容	美国联邦	美国纽约州	日本	英国	加拿大安大略省
问题解决	问题解决	✓		✓	✓	✓
生涯规划	生涯规划意识	✓		✓		
	不同生活角色之间的关系	✓			✓	
	男女生涯角色的变化	✓			✓	
	制定个人生涯规划	✓		✓		✓
综合素养	时间管理能力					
	自我管理能力		✓	✓		
	自我反思能力	✓	✓	✓		
	社会关系形成能力			✓		
	资源管理能力		✓			
	信息管理能力		✓			
	听说读写基础技能		✓			
	设计和创造技能		✓			
	使用系统的能力		✓			
	理财能力				✓	
	领导力				✓	
	创造力				✓	
	社会实践能力			✓		

国内小学生涯教育目标涉及的内容与国外的基本一致，其中被提及最多的是"职业内涵认知""自我认知""职业好奇心和态度""人际互动""成长与改变"几个维度；其次是"生涯规划""学习态度""学习兴趣""学习

与生活、工作的密切联系”“认识和适应新环境”“学习习惯与方法”和“时间管理能力”;“决策”“目标管理”“问题解决”和其他素养被提及的较少。

综合以上分析,我们选取了国内外小学生涯教育目标中被提及比较多的维度,并将关联性高的维度做了合并,最终将本校生涯课程目标界定在“自我觉察与人际互动”“自觉学习与综合运用”“自发探索与信息整合”“自主决策与素养提升”四大领域,并结合学校实际,细化了四大领域的具体内涵。

自我觉察与人际互动:觉察个人能力、偏好等,发展自我认知,形成积极的自我概念;理解人际互动中的特点、差异等,培养人际沟通、团队合作、建立支持系统的意识与能力。

自觉学习与综合运用:体验学习的乐趣,探索并习得适合自己的学习方法与策略,达成小学阶段学业成就;联系学习与生活,探索学习在各行各业中的应用,理解多元学习、学业成就对未来发展的价值和影响。

自发探索与信息整合:探索校园、周边、各行各业、当下时空发展趋势,以及初中生活;尝试信息获取的多种渠道,学会甄别、检验、整合、运用各类信息。

自主决策与素养提升:学习自主选择、决策,与制定、达成目标的意识与技能;提升综合素养,为适应当下与未来发展,做好准备。

1—5 年级螺旋分解

通过充分了解、分析各年级学生身心发展特点,进一步梳理了 1—5 年级的小学生涯教育内涵与目标,并根据学校育人节奏,设计了五年贯通的小学生涯教育课程目标体系。1—5 年级小学生涯教育四大维度内涵如图 2.2 所示:

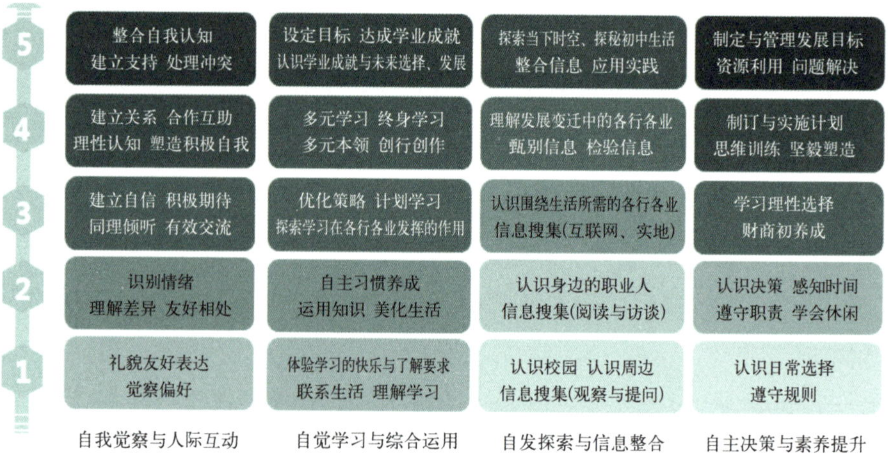

图 2.2 政立路小学生涯教育四大目标内涵领域及 1—5 年级螺旋分解

1—5 年级具象设定

根据各年级学生的身心发展特点，围绕“自我觉察与人际互动”“自觉学习与综合运用”“自发探索与信息整合”“自主决策与素养提升”四大维度设计了 1—5 年级的具象内涵。

1. 一年级

一年级的学生刚刚从幼儿园进入校园，初次接触学校学习，班集体意识、规则意识比较淡薄。在一年级，通常注重培养学生的规则意识、交际习惯，带领学生认识校园及周边环境和设施，理解学习的意义。一年级的四大维度具体内涵如表 2.4 所示：

表 2.4 一年级生涯课程目标

四大领域	分年级内涵	课 程 目 标
自我觉察与人际互动	礼貌友好表达	学习友好表达，合理表达自己的需求、感受、请求等
	觉察偏好	觉察自己的偏好等特点

续 表

四大领域	分年级内涵	课 程 目 标
自觉学习与综合运用	体验学习的快乐与了解要求	理解学习及其意义，发现、表达学校生活中的乐趣，了解学习活动的各项要求
	联系生活　理解学习	学习将所学与生活建立联系，理解学习、知识的价值
自发探索与信息整合	认识校园　认识周边	熟悉校园和周边环境，适应小学生活
	信息搜索（观察与提问）	通过观察、提问等，了解社区、校园周边、上学路上的职业人
自主决策与素养提升	认识日常选择	认识到生活中充满各种选择
	遵守规则	学习和遵守校园里、日常生活中的规则

2. 二年级

二年级的学生已经具备了集体意识和规则意识，还需要培养遵守职责的意识、尊重包容他人、与他人友好相处的能力；在学习上还需要培养自主学习的习惯，以及尝试在生活中运用所学知识；该年级的学生还处于具象思维阶段，随着阅读能力和表达能力的提升，可以通过直接的访谈来培养学生通过阅读和直接的访谈的方式来搜集信息的能力。二年级的四大维度具体内涵如表 2.5 所示：

表 2.5　二年级生涯课程目标

四大领域	分年级内涵	课 程 目 标
自我觉察与人际互动	识别情绪	能够觉察开心、忧伤、害怕、生气等各类单一情绪和复合情绪，以及情绪对生活的影响，学习合理表达情绪
	理解差异　友好相处	认识到人与人之间在偏好、擅长等方面的异同，及其对人际沟通的影响，学习接纳、包容、分享，友好相处

续　表

四大领域	分年级内涵	课 程 目 标
自觉学习与综合运用	自主习惯养成	学习养成自主学习习惯，体验自主学习的乐趣与价值
	运用知识　美化生活	培养尝试将所学运用于生活之中，体验学习的价值
自发探索与信息整合	认识身边的职业人	尝试通过阅读和访谈他人的方式搜集信息，了解家庭成员的职业角色，了解社会中的各类职业及其价值，思考自己当前的理想职业
	信息搜集（阅读与访谈）	
自主决策与素养提升	认识决策　感知时间	认识到生活中做出选择之后会带来的影响，并学习理性、积极做出、参与各类决策 学习感知时间，积极参与、体验家庭日常、家庭节日、校园节日等
	遵守职责　学会休闲	认识学校里的各种职责，遵守自己应尽的职责 了解休闲是每个人的基本需要，学习各类休闲活动，积极休闲

3. 三年级

三年级的学生，在心理和思维上都处于一个转折时期。孩子情感从外露、浅显、不自觉向内控、深刻、自觉发展，具象思维向抽象思维过渡。同时，学习内容上也发生了较大的变化。因此，对于三年级的学生，加入“思考”的元素，让学生提升自己的学习能力、交际能力、信息搜集能力、选择能力以及理财能力。三年级的四大维度具体内涵如表2.6所示：

表2.6　三年级生涯课程目标

四大领域	分年级内涵	课 程 目 标
自我觉察与人际互动	建立自信　积极期待	认识到自己能够做很多事情，开始形成积极的自我概念与期待
	同理倾听　有效交流	有意识地换位思考，倾听他人，学习以“我信息”与他人交流互动

续 表

四大领域	分年级内涵	课 程 目 标
自觉学习与综合运用	优化策略　计划学习	意识到有多样的学习策略，并尝试优化调整；尝试制定和实施学习计划
	探索学习在各行各业的作用	发现学习在各行各业、生活领域发挥的重要作用，并主动尝试、探索实践
自发探索与信息整合	认识围绕生活所需的各行各业	发展对各类职业的好奇心，初步体验不同职业的工作职责与能力要求，认识衣食住行等生活各领域的多样性
	信息搜集(互联网、实地)	学习运用互联网有效搜索信息，尝试通过实地考察搜索信息
自主决策与素养提升	学习理性选择	发展自主、理性选择的意识与能力，能够陈述自己做出的选择与原因
	财商初养成	学习合理分配金钱、理性消费，初步认识到“让钱生钱”的一些方法及其收益-风险

4. 四年级

随着学生抽象思维能力的发展，可以引导学生从多角度来看待自己、学习与职业，培养他们在团队合作、甄别信息、制订计划等方面的能力，塑造积极自我概念、终身学习意识和坚毅品格。四年级的四大维度具体内涵如表 2.7 所示：

表 2.7　四年级生涯课程目标

四大领域	分年级内涵	课 程 目 标
自我觉察与人际互动	建立关系　合作互助	认识团队，学习如何在团队中合理分工、贡献个人力量，积极应对分歧
	理性认知　塑造积极自我	理性认知到个人的成长、发展，构建积极的自我概念与发展期待

续 表

四大领域	分年级内涵	课 程 目 标
自觉学习与综合运用	多元学习　终身学习	认识到学习的广泛性、多样性，尝试积极从家庭、校园、社会大环境中积极学习，树立终身学习的观念
	多元本领　创新创作	尝试用自己的本领、经验、思考等，进行创意、创新、创造活动，体会多元学习的价值
自发探索与信息整合	理解发展变迁中的各行各业	体验各类职业角色，了解社会发展变迁中，各行各业的兴衰、价值
	甄别信息　检验信息	尝试根据目标搜集信息，甄别信息来源，检验信息真假，并尝试分析、整合信息
自主决策与素养提升	制订与实施计划	学习制定、完成小目标，以及如何在意料之外的事情来临时，积极调适
	思维训练　坚毅塑造	练习发散思维，完成一物多用等思维训练 在不断解决问题的过程中，塑造坚毅品格

5. 五年级

五年级的学生处于小升初的阶段，对未来生活充满期待。同时，五年级也是学校的毕业年级，代表着学校的毕业生形象。因此，五年级的四大维度具体内涵如表 2.8 所示：

表 2.8　五年级生涯课程目标

四大领域	分年级内涵	课 程 目 标
自我觉察与人际互动	整合自我认知	能够从多个方面，以发展性视角，客观、理性认识自己
	建立支持　处理冲突	学习积极求助，友善助人，探索构建自己的支持系统 学习应对冲突的态度和方法

续 表

四大领域	分年级内涵	课 程 目 标
自觉学习与综合运用	设定目标　达成学业成就	为自己设定小学阶段的学业目标，并努力达成
	认识学业成就与未来选择、发展	认识到学习、成绩、学业成就与未来选择、发展的关系，培植努力学习、终身发展的意识
自发探索与信息整合	探索当下时空　探秘初中生活	碰触时代，认知当下时空，探索当今时代的特点、发展趋势、对人才的需求等，形成个人生涯发展的憧憬与思考 探索、了解初中阶段的学习与生活
	整合信息　应用实践	通过多种方式搜索信息，进而分析、整合、运用信息，思考、探索个人发展
自主决策与素养提升	制定与管理发展目标	综合对自己的认识、社会需求等，制定个人发展目标与策略，并尝试达成
	资源利用　问题解决	建立对问题的积极认知，坚信方法总比问题多，并尝试利用各方资源，积极解决问题

生涯课程从“自我觉察与人际互动”“自觉学习与综合运用”“自发探索与信息整合”“自主决策与素养提升”四大维度设计目标，根据学校和学生实际，拆解成螺旋上升的具体目标。通过系统的目标体系，科学助力学生“学会自立　生动成长”，顺利地从小学过渡到中学，为未来生活做好准备。

第三章

小学生涯教育校本课程内容开发

校本课程内容是教与学的基本素材，是校本课程开发的关键，直接体现了校本课程开发的理念和目的①。课程内容是根据课程目标有目的地选择出来的，并按照一定逻辑组织和编排的各种直接经验和间接经验的知识体系。它是一个比较系统的知识总和，是课程内在结构的有机组成部分，也是课程的核心要素②。在校本课程内容的选择、组织和体系建构中，既要遵照课程相关知识的内涵，还要与国家的教育培养目标保持一致，贴近地域文化和学校实际，并充分考虑不同年级学生的认知、身心发展特点和技能形成规律，以确保课程内容选择的基础性和有效性，适应学生的兴趣、需求与社会现实的变化③。

小学阶段的生涯教育尚处于起步和探索阶段，系统化、常态化开展生涯教育课程的学校较少。在实践中，我们一方面充分借鉴国内外经验，探索小学生涯教育的内涵及其校本化，另一方面以《中共中央　国务院印发〈关于深化教育教学改革　全面提高义务教育质量的意见〉》提出的“坚持‘五育’并举，全面发展素质教育”④，以及《义务教育课程方案（2022年版）》提出的“聚焦核心素养，面向未来”“加强课程综合，注重关联”⑤等为指引，系统建构1—5年级的生涯教育校本课程内容。

---

① 阳泽，刘电芝.校本课程开发的内容、模式与策略[J].中国教育学刊，2001(3)：50-54.

② 廖哲勋，田慧生.课程新论[M].北京：教育科学出版社，2003：180-183.

③ 秦银桂.小学多元化体育校本课程内容体系的建构[J].教学与管理，2021(2)：40-42.

④ 新华社.中共中央 国务院关于深化教育教学改革全面提高义务教育质量的意见[EB/OL].(2019-07-08)[2022-01-08]. https://www.gov.cn/zhengce/2019-07/08/content_5407361.htm.

⑤ 中华人民共和国教育部.义务教育课程方案(2022年版)[M].北京：北京师范大学出版集团，2022：4-5.

借鉴与参考：国内外小学生涯教育内容

国外一些国家已形成了完备的生涯教育体系，国内一些地区和学校也有一些积极探索和实践，这为我们建构学校课程内容提供了借鉴与参考。

国外小学生涯教育内容

(一) 美国小学生涯教育内容

作为世界上最早开展小学职业生涯教育的国家，美国已经构建了相对完善的职业生涯教育和辅助体系。20 世纪 80 年代发布的《国家生涯发展指南》规定，职业生涯教育包括三个方面：自我认识、教育和职业探索、职业生涯规划，其中小学阶段主要以与职业相关的游戏活动作为单元教学，使学生在愉快的学习氛围中建立起对自己的认识以及对职业的认知，培养学生的职业意识①。根据学生的身心发展阶段，又将小学阶段的职业生涯教育细化为三个不同阶段②：1—2 年级属于低年级组，该阶段教学内容在于培养学生的职业好奇心和初步的职业意识。通过画报、图片及影像

① 栗新.美国小学职业生涯教育管窥[J].教学与管理，2015(20)：57 - 58.

② 于珍.中小学职业生涯教育：来自美国的经验与启示[J].外国中小学教育，2008(3)：52 - 55.

资料等对相关职业进行讲述，或通过角色扮演游戏（比如，扮演挤奶工、超市售货员等角色），让学生熟悉农民、工人、医生等不同职业，形成关于劳动的基本概念。3—4年级为中年级组，重在发现学生兴趣，引导学生思考相关的职业应该具备什么技能，注重通过实践强化职业认知。比如，通过熟悉周围的劳动环境，或有计划地组织学生对某些职业的初步调查，让学生了解该职业需要肩负哪些职责、从事该职业需要具备哪些条件及接受哪些教育和培训；鼓励学生根据自己的兴趣、能力选择未来职业；认识不同水平的劳动（如无需技术的体力劳动，半技术的、技术的、技术较高的和专业技术的劳动等），以便更好地把劳动与教育训练结合起来。在具体的单元教学中，教师往往会引导学生思考“一个人所从事的工作如何影响他的生活”“要想胜任工作，必须掌握一定的技术”等问题。5—6年级的高年级组，重在让学生发现当前所学学科对未来职业的作用，注重引导学生将教学科目与职业规划联系起来，提高学生的职业生涯规划意识，并将职业生涯教育渗透到各科教学中。以数学为例，让学生懂得许多职业均与数学有关，并通过组织参观、游戏等活动，让学生进一步了解自身与劳动世界的关系。例如，在“什么职业是建立在算术教学基础上的”教学单元中，要使学生懂得，会计师、建筑师、工程师、记账员、出纳员、测绘员、数学家、证券经纪人、纳税员等职业均与算术有关，通过角色扮演等游戏让学生练习与这些职业相关的简单计算。

在美国联邦政府的推动下，大多数州也开发了与本州特色相符合的生涯教育标准和课程。以具有代表性的纽约州为例，该州围绕生涯教育的目标和标准，将一至六年级的生涯教育课程内容设定为“自我探索”和“职业了解”。这些课程主要通过教学单元活动来实施，目的是让所有儿童在活动中建立起初步的职业观念，形成一定的职业意识，增加对工作世界的了解，并引导儿童进行自我认识的探索①。具体课程内容包括“我是

① 李敏，潘晨.美国纽约州小学和初中阶段生涯教育研究[J].河北师范大学学报（教育科学版），2015，17(6)：83-87.

谁”“为什么我需要学习”“我目前的学习与我未来的生活经历有什么关系”“为什么我需要工作”“如何才能成为一个有效的工作者”“我需要什么样的能力才能让我适应工作环境的变化”“我如何运用知识成为一个 21 世纪的成功人士”“为什么与他人交流很重要”等主题，每个主题下又包含了多个活动，既有对自我和职业的探索，又有制定学习和职业规划，以启发儿童对工作世界的好奇心，培养正确的工作和劳动态度，形成关于职业和生涯的一些基本概念，引导儿童形成对不同技术水平工作的认识，以便更好地将劳动与教育训练结合起来①。

(二) 英国小学生涯教育内容

英国的生涯教育一直得到政府的强有力政策支持。2003 年的《全国 11～19 岁生涯教育框架》为学校的生涯教育目标、内容、活动开展提供了参考②，2010 年的《7～19 岁生涯教育框架》将生涯教育延伸至小学阶段③。2023 年 1 月 5 日，英国教育部公布小学阶段生涯教育计划，旨在顺应“加强学校与雇主合作”的生涯教育潮流，为小学阶段的学生提供职业生涯指导。该项计划共划定 55 个教育投资区，由职业与企业公司(The Careers & Enterprise Company，CEC)牵头实施。该计划面向未来职业需求，聚焦八大基本技能框架(积极态度、目标、领导力、团队合作、倾听、表达、问题解决、创造力)，CEC 制订了“职业生涯 2030”方案，旨在通过螺旋精进式的职业教育，发展学生在职业认知和职业技能方面的素养。一至二年级的生涯教育主题是“未来的我”，旨在帮助学生评估自身的社会、经济和文化资本，训练八大基本技能，发展对优势和关键技能的自我认知。其中一年级的课程包括一节介绍职业技能的入

---

① 高艳春.美国小学生涯教育的经验及启示[D].石家庄：河北师范大学，2018.

② 刘敏，罗佳丽.美英日小学职业生涯教育的经验及启示[J].西部素质教育，2018，4(19)：9－10.

③ 田静，石伟平.英国生涯教育：新动向、核心特征及其启示[J].中国职业技术教育，2019(18)：83－88.

门课和五节基本能力训练课。二年级的课程包括五节基本能力训练课和一次与雇主交流的茶话会。三至六年级的生涯教育主题是“未来愿景及其路线图”，旨在通过线下参观和线上体验等活动，帮助学生探索不同行业的职业生涯，比如卫生和社会保障行业、建筑业、零售业、旅游业、交通业、制造业等；了解高等教育经历和学徒制；评估自身技能储备，训练基本技能，联系当前和未来世界；制定职业生涯发展路线图，为中学阶段的学习作准备①。

(三) 日本小学生涯教育内容

日本小学阶段的职业生涯教育内容，一方面注重以“态度”和“意识”为核心理念的养成教育②，比如培养学生积极的生活态度、良好的生活习惯、正确的劳动观和职业观③，帮助学生认识自我、憧憬未来④；另一方面注重培养学生未来可持续发展所需的“基础性与通用性能力”，包括人际关系形成与社会关系形成能力、自我理解与自我管理能力、问题解决能力和职业生涯规划能力⑤。

日本小学生涯教育的内容主要以学科融合的方式渗透到学校整体教育活动中，主要由以下四个领域构成⑥⑦⑧：① 特别活动(每周1课时)，比如解决在学校生活中所遇到的诸多问题，通过班级活动构建班级组织体

---

① 刘禹卓，刘超.英国小学阶段生涯教育的多元化实施路径[J].上海教育，2023(11)：12－15.

② 蔡琛.日本小学阶段的职业生涯教育及其启示[J].教学与管理，2022(29)：73－76.

③ 黄红亚，刘丹.日本小学职业生涯教育及对我国的启示[J].西北成人教育学院学报，2018(4)：26－31.

④ 刘敏，罗佳丽.美英日小学职业生涯教育的经验及启示[J].西部素质教育，2018，4(19)：9－10.

⑤⑥ 刘晓萍.国际核心素养背景下日本中小学生涯教育研究[D].上海：华东师范大学，2017.

⑦ 蔡璐.日本中小学职业生涯教育及启示[J].外国中小学教育，2017(7)：17－25.

⑧ 任平，欧丽贤.日本中小学生涯教育的课程改革[J].湖南师范大学教育科学学报，2022，21(2)：103－110.

系和明确责任分工，培育良好的人际关系，以及培养身心健康的生活态度和习惯，在学生会活动中丰富学校生活、提高合作意识等；② 综合性学习时间（每周 2 课时），比如通过调查家庭成员的工作体验、观察街头商店的工作形态、探访当地的手艺人、栽培农作物、参与志愿者活动等方式，发现自己喜欢的事物，建立初步的生涯探索意识；③ 道德教育，比如开展对劳动的重要性理解的教育，积极组织学生参加劳动，让学生理解劳动的意义，体会服务于社会的快乐；④ 各学科的学习，比如在小学低年级的生活科（每周 3 学时）中学习自己穿衣、洗漱等独立生活的相关技能，在中高年级的家庭科（每周 1～2 学时）中学习烹饪方法、裁剪缝纫、生活空间整理、衣着装扮等个体自立的内容，以及开展饮食值日、校园清扫等集体活动，在社会科中，调查关于本地区的生产、销售以及本国产业等相关资料，选择适当的学习课题开展学习活动，并思考自我未来的发展机会等。

综合以上国家的经验来看，小学生涯教育的内容主要包括自我认识、生涯探索（含教育和职业探索）、生涯规划三大模块的内容，通用能力的培养贯穿其中，并根据学生身心发展特点分解至各学段、各年级。

国内小学生涯教育内容探索

北京市朝阳区幸福村学区自 2009 年起，通过学习生涯教育理论并借鉴大学及职业学校已有的教育经验，开始探索适合小学的生涯教育内容。首先，他们开发了适合小学高年级的《小学生涯教育读本》。经过近一年的实践和探索后，又进一步开发出了一套共 6 册的《小学生涯教育》系列丛书，适用于各个年级的学生。这套丛书按照自我认知、认知社会、生涯探索三个维度，从生涯认知、认知自我、热爱生活、学习与生存、认知社会、生涯探索、生涯准备等多个方面对学生进行教育。每个单元都设计了“生涯茶座、生涯指南、生涯镜鉴、生涯实践、生涯感悟”

5 个教学模块①。

成都高新区新科学校自 2009 年起开展生涯教育课程实践，该课程主要围绕潜能开发、生涯觉察、生涯探索与体验三个方面进行设计，每个方面涵盖多个相关主题，且在不同年级的教学内容上有所侧重。具体来说，第一学段（1—3 年级）重点在于习惯养成和自我认知；第二学段（3—6 年级）重点在于认识环境和融入社会；第三学段（7—9 年级）重点在于职业体验和生涯策划。学校为此编写的校本教材《新科学校生涯辅导读本》包含《与众不同的我》《放飞梦想，规划未来》《我的潜能》《工作世界》《社会实践》等单元，每个单元课都融入了"读—动—行—思"的教学环节②。

北京市大兴区瀛海镇中心小学为六年级学生开设的生涯教育课程主要分为三个板块：第一个板块为自我认识（1 课时），主要通过主题活动"我的周哈里窗"引导学生探索自己眼中的自我和他人眼中的自我，以拓宽学生对自我特点的认知。第二个板块为职业介绍（2 课时），通过游戏、播放职业介绍视频、采访在职人员（如教师）等活动，帮助学生获取更多的职业信息，板块最后还安排了"感谢辛苦工作的人"的小活动，通过撰写"感谢卡"来加深学生对职业的认识，并培养他们的责任感。第三个板块为职业计划（1 课时），通过"十五年后的我"和"我的自画像"等小活动，培养学生的职业规划意识③。

上海市静安区为了推动本区小学生涯课程建设，参考了上海市教委颁布的《关于加强中小学生涯教育的指导意见》和美国学者马克·萨维卡斯（Mark Savickas）教授提出的生涯适应力理论，将小学生涯教育内容定为自我认识和社会理解两大板块。自我认识模块包括两个方面：① 认识自我，比如了解自己的兴趣爱好、个性特点、长处和优势，能够表达出自己的梦想，

---

① 田光华.全方位推进生涯教育，促进师生幸福成长——基于北京市朝阳区幸福村学区小学生涯教育的实践探索[J].中小学心理健康教育，2016(23)：47－50.

② 陈娟.九年一贯制学校生涯教育校本课程开发研究[D].成都：四川师范大学，2013.

③ 赵琼英，傅纳.小学六年级开展职业生涯教育课程的实践与建议[J].中国教师，2014(24)：92－95.

并对自己充满信心;② 发展自我,比如探索自己的能力,挖掘潜能,掌握一定的学习方法,养成良好的学习习惯,认识到当前学习的知识与养成的能力将对未来学习、工作与生活的重要影响。社会理解模块包括两个方面:① 职业认知,比如了解家庭、社区等周边生活中人物的职业,结合校园日常生活进行劳动岗位体验,树立尊重劳动、劳动光荣的观念,并具备主动探寻职业和与从业者互动的兴趣和能力;② 生涯准备,比如与人交往大方得体,具备合作能力,对遇到的困难与挫折有一定的调节和应对能力,在学习与生活中初步具备规划和管理能力,并能够借助各种资源解决问题①。

台湾地区中小学生涯教育的内容主要涉及自我觉察、生涯觉察、生涯探索与进路选择三个方面。具体的课程内容按年龄划分为三个阶段,分别是小学 1—2 年级阶段,小学 3—6 年级阶段,以及初中 1—3 年级阶段。下面具体介绍下小学阶段的生涯教育内容。

小学 1—2 年级阶段,生涯教育学习以自我觉察和生涯觉察为主,还不涉及生涯探索与进路选择,具体学习内容如表 3.1 所示。

表 3.1　小学 1—2 年级生涯教育学习内容②③

	具体内容	示例 / 说明
自我觉察	(1) 让学生在家庭生活、学校生活中,培养良好的生活及学习习惯与态度。 (2) 让学生了解自己的优缺点及特质,且能欣赏并接纳自己与生俱来的长短处与优缺点,并积极改善自己的生活或学习,以顺利发展个人生涯。	(1) 比如,爱整洁、守秩序、重纪律等皆属良好的生活习惯;按时完成功课、今日事今日毕、专心听课等皆属良好的学习态度。 (2) 比如,让学生找出描述人物的形容词,并用适当的形容词来描述自己;让学生扮演"我是谁",并让其他人来猜测他所扮演的角色。

① 杨红梅.加强区域顶层设计,助推学校生涯教育——上海市静安区小学生涯教育的实践与探索[J].现代教学,2020(Z2):90-93.

② 周羽全.我国台湾地区中小学生涯教育研究[D].上海:上海师范大学,2011.

③ 林幸台,田秀兰,张小凤,张德聪.生涯辅导[M].台北:心理出版社股份有限公司,2010:189-190.

续　表

	具体内容	示例／说明
生涯觉察	利用小组活动或团体活动，让学生明白分工合作的重要性、培养合作意识和态度。	比如，小学生分配大扫除任务时，能够不推诿、不敷衍、不逃避，愿意和别人共同合作、一起完成任务。

小学3—6年级阶段，生涯教育学习逐步扩展到自我觉察、生涯觉察、生涯探索与进路选择三个方面，具体学习内容如表3.2所示。

表3.2　小学3—6年级生涯教育学习内容①②

	具体内容	示例／说明
自我觉察	多运用量表、测验、家庭访问或观察等方式，协助学生了解自己的兴趣、能力，使学生能运用天生或学习获得的知识、技能完成特定的工作或任务。	比如，让学生从报纸杂志中找出吸引他们的人物、事情及地方；引导学生思考“我喜欢什么”“我能做什么”等问题；让学生运用“九九乘法表”解决日常生活中的四则运算问题，比如购物。
生涯觉察	(1) 利用小组活动或团体活动，让学生学习人际互动技巧，并了解个人技能与态度是影响人际互动的因素。 (2) 让学生观察、了解、扮演不同的工作类型及角色。 (3) 让学生分享亲友的工作角色与工作内容，认识不同工作类型对社会的贡献以及其蕴含的工作价值。 (4) 让学生认识到个人为在社会或特定社群中生存，而从事的与职业或任务相关的行为就是工作，通过实地参观，让他们了解工作的重要性，及各种职业的特质。 (5) 让学生了解职业的基本概念及类别，通过参观访问相关就业单位或机构等，理解工作角色的价值。	(1) 比如，让学生讨论要完成一项任务，大家可以如何分工合作。 (2) 比如，社会型的职业有教师、牧师、记者等；艺术型的职业有作曲家、漫画家、演艺人员等；企业型的职业有会计师、企业执行长、证券分析师等。 (3) 比如，向学生介绍某一领域的职业，并说明这些职业的基本性质；让学生访问自己的父母，了解他们所从事职业的具体内容。 (4) 比如，让学生探讨工作对个人的意义；让学生撰写作文《我的职业志愿》，并与其他学生分享。 (5) 比如，医疗体系对社会大众健康的贡献；资源回收及清洁人员对环保的贡献。

续 表

	具体内容	示例／说明
生涯探索与进路选择	(1) 培养学生主动合理利用时间、寻找相关资源来解决问题的能力。 (2) 一方面，要让学生了解，当个人试图达到某一目标，或对涵盖两个以上可能达成目标的途径必须有所抉择时，所经历的思维过程就是解决问题的过程；另一方面，要在日常生活中提供各种情境，进行实际演练或讨论，以培养学生遵守纪律、判断和解决问题以及做决定的能力。	(1) 比如，鼓励学生主动规划假期的参观或学习活动；教学中，利用讨论或生活实例等，学习如何安排和利用时间。 (2) 比如，当学生身为消费者购买到不良产品时，教育他们应该采取哪些措施来保护自己的权益。

除了学校生涯教育实践外，还有一些学者对小学生涯教育内容提出了一些设想。吴清英认为小学生涯教育应该包括自我觉察、生涯觉察、生涯规划三个方面内容，并对各个年龄阶段的学生提出不同的发展任务及要求①。郑巧认为小学生涯教育内容应包括以下四个方面：① 自我觉察，主要侧重了解自己的优点和缺点、知晓自己的兴趣、养成良好的行为习惯与态度；② 生活管理，主要包括合理安排时间、增强劳动意识和应对突发事件；③ 学习管理，比如养成良好的学习习惯；④ 职业了解，包括了解社会发展与工作的关系、各种职业的名称、工作性质和内容等②。梁思明在对学生和教师进行调查的基础上设计的小学 5—6 年级生涯教育的内容包括以下三个方面：① 自我认知，含兴趣、能力、性格等；② 生涯探索，含了解职业信息和认识外部环境；③ 生涯管理与规划，含自我管理（目标管理、时间管理、行为管理三方面）、人际交往和生涯规划③。柴宏认为可以在小学综合实践活动中渗透生涯教育，主要包括三方面内容：① 自我认

① 吴清英.小学生涯规划教育课程建设初探[J].中小学心理健康教育，2018(20)：31 - 33.
② 郑巧.小学生涯教育现状、问题及对策研究[D].石家庄：河北师范大学，2018.
③ 梁思明.小学 5—6 年级生涯教育课程设计研究[D].石家庄：河北师范大学，2020.

知，包含了解自己(兴趣、性格特点和能力特长等)、悦纳自己和发展自己；② 生涯探索，包含认知职业世界和学会生活自理；③ 生涯管理，包含合理安排时间、丰富课余生活和学会制订计划[①]。

从国内小学生涯教育的内容来看，主要包括自我认知与发展、生涯觉察与探索以及生涯管理与规划三大模块内容，不同地区或学校的侧重点略有差异。

① 柴宏.小学综合实践活动中渗透生涯教育的研究[D].石家庄：河北师范大学，2021.

探索与开发：校本生涯课程内容开发

参考国内外小学生涯教育经验，我们明确了小学生涯课程内容可以从哪些方面着手，这为建构生涯校本课程内容积累了思路和素材。此外，在实际的内容开发过程中，我们还需要遵循课程内容开发的基本原则，围绕本校生涯课程目标，根据学校特色、学生实际情况、社会需求等合理设计、选择、组织、安排课程内容[①②③]，以建构体系化的生涯校本课程内容。

课程内容开发的基本原则

校本课程开发原则是指导课程开发活动的基本要求，为校本课程开发提供明确的价值导向。这些原则旨在提高校本课程开发方案的合理性与开发过程的科学性，减少随意性和盲目性，从而充分发挥校本课程开发的效力[④]。因此，在开发与设计校本课程时，学校应该遵循这些基

① 阳泽，刘电芝.校本课程开发的内容、模式与策略[J].中国教育学刊，2001(3)：50－54.

② 钟启泉，汪霞，王文静.课程与教学论[M].上海：华东师范大学出版社，2018：108.

③ 谢燕慧.复旦二附中"中国打击乐"校本课程内容体系的建构与实施研究[D].上海：上海师范大学，2012.

④ 郑晓梅.论基础教育校本课程开发的原则[J].教育探索，2003(1)：27－29.

本原则，合理、科学、有效地选择和编排课程内容。基于文献梳理、国家政策文件要求以及学校实际情况，政立路小学制定了以下课程内容开发原则。

（一）以学生为中心，兼顾全面发展与个性发展

校本课程开发的根本目的是确保学生能够获得学习上的最大收益。学校将学生作为教育的主体，课程内容也是为了满足学生的学习需求而设计的。因此，在设计校本课程时，最重要的原则是适应学生的需求、能力、兴趣、经验以及现实生活的需要，从而创建出真正符合学生利益的课程①。

在生涯课程内容的开发中，我们坚持以学生为中心的原则，注重学生的全面发展和个性发展。一方面，结合小学生的身心发展特点来设计课程内容，例如，一年级的课程以绘本为媒介进行设计与实施；同时，关注学生在生涯发展意识、能力，以及与课程主题相关的生活经验、认知水平上的差异，设计出符合政立路小学学生的课程主题和内容。虽然 1—5 年级课程内容都是围绕相同的课程维度设计的，但每个年级的侧重点和难度都有所区别。另一方面，兼顾课程对学生个性的培养，重视学生个人的发展需求，并尊重他们的自主选择②。部分课程内容在主题领域设定上丰富化，供学生选择，以满足学生的多样化需求。

（二）注重链接现实生活、碰触时代脉搏

就校本课程的内容而言，应选取与学生现实生活密切相关的内容，这样才能激发学生的学习兴趣和好奇心、唤起他们的探索欲望和学习主动

① 郑晓梅.论基础教育校本课程开发的原则[J].教育探索，2003(1)：27－29.

② 中华人民共和国教育部.教育部关于印发《中小学综合实践活动课程指导纲要》的通知[EB/OL].(2017－09－17)[2024－03－24]. www.moe.gov.cn/srcsite/A26/s8001/201710/t20171017_316616.html.

性，并对学生的实际生活产生积极影响[①②]。此外，为了使生涯教育能够服务于学生的终身发展，课程内容的选择应紧跟时代的步伐，反映现代社会的最新发展成果，这有助于学生了解社会发展现状，并思考自身未来的发展方向[③]。

在本校生涯课程主题和具体内容开发中，我们遵循生活性和时代性两大原则。一方面，我们注重链接学生现实生活的需求，比如一年级学生要适应小学生活，三年级学生开始面临选课选择，五年级学生需要为即将到来的初中阶段学习和生活做准备；另一方面，注重反映时代发展变化，三到四年级开设“职业微技能”课程，从传统职业到新兴职业，通过项目式学习让学生解决问题并体验不同职业，五年级开设“×××时代，来了！”课程，引导学生探索时代脉搏，培养他们适应当前学习与生活及未来所需的正确价值观、品格和关键能力。

（三）注重课程综合和实践性，落实五育融合、学科融合双融合

生涯教育是一种综合性的教育活动，覆盖了个体的整个生命历程。在生涯教育内容的选择上，我们应遵循综合性原则，将个人知识获得、能力发展、态度形成等方面综合起来[④]，兼顾学生与自身、他人和社会的联系[⑤]，兼顾与其他课程内容的关联[⑥]。每个课程内容的设计、每个活动的探究和体验都应体现个人与社会的联系，并强化科技、艺术、道德等方面的内在整合[⑦]。综合考虑各个方面的特点和要求，各显其长，以促进学生的全面发展和终身发展。

---

①⑥ 郑晓梅.论基础教育校本课程开发的原则[J].教育探索，2003(1)：27－29.

② 陈娟.九年一贯制学校生涯教育校本课程开发研究[D].成都：四川师范大学，2013.

③ 梁思明.小学5—6年级生涯教育课程设计研究[D].石家庄：河北师范大学，2020.

④ 柴宏.小学综合实践活动中渗透生涯教育的研究[D].石家庄：河北师范大学，2021.

⑤ 郑巧.小学生涯教育现状、问题及对策研究[D].石家庄：河北师范大学，2018.

⑦ 中华人民共和国教育部.中小学综合实践活动课程指导纲要[Z]. 2017. http://www.moe.gov.cn/srcsite/A26/s8001/201710/t20171017_316616.html.

同时，考虑到小学生年龄较小，思维方式以具体形象思维为主，并且需要直观材料的辅助，我们在生涯教育内容的选择上要贯彻实践性的原则，以学生为主体，注重学习过程，鼓励学生在可知可感的活动中积极参与和动手实践，从而获得真知①。例如，学生可以通过“动手做”“实验”“探究”“设计”“创作”和“反思”等活动进行“体验”和“体悟”②。此外，让学生走进社会，感受和了解社会，甚至走上工作岗位进行职业体验，这有助于他们在实践中体会劳动的快乐和价值③。

在生涯课程内容的开发中，我们也注重课程的综合性和实践性。在课程选题上，我们致力于实现五育融合，一方面，坚持德育为先，在所有教育活动中突出德育的重要性，同时提升智育水平，加强体育和美育，并落实劳动教育，坚持素养导向，落实因材施教，充分发挥各学科的育人价值；另一方面，探索在顶层设计下的五育融合和学科融合，旨在实现育人目标的协调统一，建构一个各育、各学科各司其职、美美与共、和合共生的育人生态。

（四）注重课程内容的梯度性和连贯性

由于不同年龄段学生在生理和心理上的发展水平存在显著差异，我们在课程内容的选择上必须遵循梯度性原则。这意味着需要对课程内容根据年龄段进行划分，确保难度和广度能随着学生从低年级到高年级的过渡而不断加深和发展，以满足不同阶段学生的身心发展需要④。此外，由于生涯教育本质上是一种对学生个体成长的发展性、跟踪性、长效性的辅导教育，其内容覆盖面广泛且时间跨度大。因此，在内容的选择和编排

① 柴宏.小学综合实践活动中渗透生涯教育的研究[D].石家庄：河北师范大学，2021.

② 中华人民共和国教育部.教育部关于印发《中小学综合实践活动课程指导纲要》的通知[EB/OL].(2017-09-17)[2024-03-24]. www.moe.gov.cn/srcsite/A26/s8001/201710/t20171017_316616.html.

③ 梁思明.小学5—6年级生涯教育课程设计研究[D].石家庄：河北师范大学，2020.

④ 陈颖.小学科学校本课程的内容设置研究[D].福州：福建师范大学，2014.

上，我们需要注意其连贯性，以确保课程能够持续地发挥教育作用①。

在本校生涯课程内容开发中，我们遵循了梯度性和连贯性原则。生涯课程内容的难度也由低年级向高年级不断增加。从具体课程内容建构来看，首先将本校生涯教育内涵分解为“自我觉察与人际互动”“自觉学习与综合运用”“自发探索与信息整合”和“自主决策与素养提升”四大维度，并根据1—5年级小学生的身心特点、发展任务，梳理了小学1—5年级纵向贯通、衔接的生涯教育目标与内涵，以此来指导具体内容的开发，从而形成有机衔接、螺旋上升的五年贯通的课程体系。

校本建构小学生涯课程内容

遵循以上课程内容开发的基本原则，我们首先聚焦于核心能力的培养，建构了四大课程模块。然后，根据各年级学生的生涯发展目标，分年级开发具体的课程内容。最终，我们形成了一个1—5年级的体系化生涯教育课程内容，为学生适应小学阶段的学习与生活、准备初中阶段的学习与生活以及适应未来发展等方面做好准备。

(一) 聚焦核心能力培养，建构四大模块课程

从美英日和中国台湾地区生涯课程体系的建设来看，都注重核心能力的培养，并贯穿始终。有鉴于此，并聚焦中国学生发展核心素养和小学阶段生涯教育目标，我们建构了“生涯主题成长，我能行”“校园小岗位，我能行”“职业微技能，我能行”“美好生活，我能行”四大模块课程(见图3.1)。

其中，“生涯主题成长，我能行”围绕“自我觉察与人际互动”“自觉学习与综合运用”“自发探索与信息整合”和“自主决策与素养提升”四大目标内涵领域来开发具体课程内容，以丰富的生涯主题，如“思维导图”“时

---

① 陈娟.九年一贯制学校生涯教育校本课程开发研究[D].成都：四川师范大学，2013.

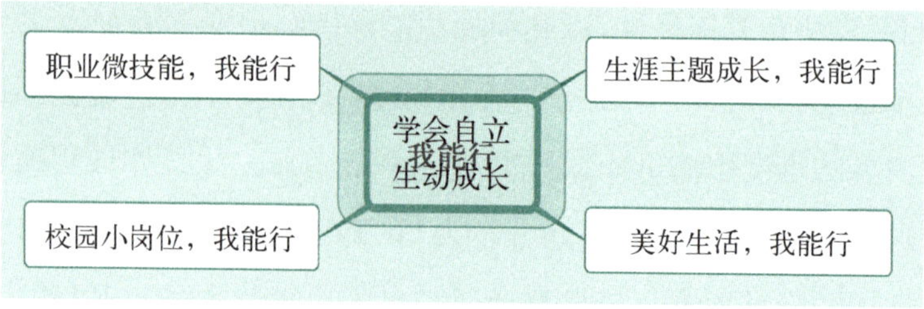

图 3.1　四大模块课程

间管理”“财商搜商”等，培养学生自我认知、人际互动、乐学善学、学以致用、勇于探索、自我管理等必要的生涯发展认知、态度、意识、理念，带领学生学会学习、学会成长，助力学生全面发展、个性发展。

“校园小岗位，我能行”和“职业微技能，我能行”系列课程，兼顾传统职业和新兴职业，如“小小裁判员”“旅游策划师”“博物馆讲解员”等，不仅满足了孩子们对不同领域职业的好奇心，还让他们在丰富的职业体验中，真正成为校园的小主人，不断开阔视野，点燃梦想。“美好生活，我能行”系列课程通过“排行榜制作”“AI 产品用户体验”“××时代，来了！”等项目为载体，引导孩子由内及外从关注内在生命健康，到关注生活衣食住行，乃至生活周边生态。该三个模块的课程以项目化形式开展，并由学生选择一个主题进行。

（二）分年级开发具体课程内容

一年级学生由于刚开始小学阶段的学习，对于课程学习和校园生活还都处于适应阶段，因此生涯课主要关注这一学生成长命题。此外，考虑到一年级学生的拼写、阅读能力还较薄弱，因此生涯课程内容一方面主要以绘本阅读的形式来呈现。“自我觉察与人际互动”维度设计了“独一无二的你”“蚯蚓的日记”“动物园变得其乐融融”等课程内容；“自觉学习与综合运用”维度设计了“美术馆里遇到数学”“时钟国王”等课程内容；“自发探索与信息整合”维度设计了“上学简史”“大人每天都在做什么”等课程内容；“自主决策与素养提升”维度设计了“大卫上学去”“丹尼今天做什么”等课程内容。另一方面,“美好生活,我能行”模块分别设计了有关幼小衔接适应的主题,如“书包变形记”“我给书包减减肥”等。其中,上学期主要助力学生认识到小学和幼儿园的不同,以及认识小学生活,下学期课程主要助力学生在基本适应的基础上更好调适,学习积极过好小学生活,如表 3.3 所示。

表 3.3　一年级生涯课程内容安排

<table>
<tr><th>课程维度</th><th>生涯主题成长,
我能行</th><th>美好生活,我能行
(上学期)</th><th>美好生活,我能行
(下学期)</th></tr>
<tr><td>自我觉察与人际互动</td><td>独一无二的你
动物园变得其乐融融
蚯蚓的日记
世界上最大的房子
不是那样,是这样的
我和瓦妮莎一起走</td><td rowspan="4">书包变形记
教室大不同
校园“植”友藏身处
校园午餐好时光
运动找不同
底楼多功能教室大揭秘</td><td rowspan="4">我给书包减减肥
装扮教室庆六一
我为小树挂小牌
春游食物我会选
运动后身体发生的变化
校园地图绘制</td></tr>
<tr><td>自觉学习与综合运用</td><td>美术馆里遇到数学
爱书的孩子
时钟国王</td></tr>
<tr><td>自发探索与信息整合</td><td>上学简史
我居住的小镇
大人每天都在做什么</td></tr>
<tr><td>自主决策与素养提升</td><td>大卫上学去
和甘伯伯去游河
妈妈的礼物
丹尼今天做什么</td></tr>
</table>

相较于一年级学生来说,二年级学生基本适应了学校的学习、生活,跟班上同学也有了比较多的相处,因此,“生涯主题成长,我能行”模块的课程主题更多地从学生日常生活、交往、班级活动中来选择。“自我觉察与人际互动”维度设计了“我们的‘喜欢’与‘暂时不喜欢’”“我的朋友来做客”“我情绪,我表达”等课程内容;“自觉学习与综合运用”维度设计了“班级成长手册”探究主题;“自发探索与信息整合”维度设计了“小立立直播

间之认识爸爸妈妈的职业世界”探究主题；“自主决策与素养提升”维度设计了“小选择，自己定”“班级决策一起做”“休闲活动大富翁”等课程内容。另外，上学期开发了“美好生活，我能行”模块的“×××的一天”，下学期开发了“校园小岗位，我能行”模块的“×××，我来当”。如表 3.4 所示。

表 3.4　二年级生涯课程内容安排

<table>
<tr><th>课程维度</th><th>生涯主题成长，
我能行</th><th>美好生活，我能行
（上学期）</th><th>校园小岗位，我能行
（下学期）</th></tr>
<tr><td>自我觉察与人际互动</td><td>我们的“喜欢”与“暂时不喜欢”
我们的“擅长”与“暂时不擅长”
我们一起玩游戏
我的朋友来做客
你好，开心
你好，忧伤
你好，害怕
你好，生气
你好，情绪家族
你好，我的情绪流沙瓶
我情绪，我表达
他情绪，我看到</td><td rowspan="4">我的一天
爸爸/妈妈的一天
祖辈的一天
老师的一天
校园岗位的一天
校外岗位的一天</td><td rowspan="4">护绿小卫士，我来当
图书角管理员，我来当
卫生监督员，我来当
节能小管家，我来当
光盘行动示范员，我来当
多媒体管理员，我来当</td></tr>
<tr><td>自觉学习与综合运用</td><td rowspan="2">班级成长手册
小立立直播间之认识爸爸妈妈的职业世界</td></tr>
<tr><td>自发探索与信息整合</td></tr>
<tr><td>自主决策与素养提升</td><td>无处不在的选择
小选择，自己定
大选择，爸爸妈妈来帮忙
班级决策一起做
生活中的“快”时间和“慢”时间
我和爸爸/妈妈的 24 小时
我们家的特别节日
校园里的特别节日
休闲活动大富翁
一个人的休闲时光
和好朋友一起的休闲时光
我们家的休闲时光</td></tr>
</table>

三年级，“生涯主题成长，我能行”模块设计了“思维导图”“学会选择”“财商”“搜商”等课程内容；“校园小岗位，我能行”模块设计了“图书管理员”“小小主持人”“小小裁判员”等课程内容；“职业微技能，我能行”模块开设了“博物馆讲解员”“小小烘焙师”等课程内容；“美好生活，我能行”模块开设了“今天，你扔对了吗”“我型我秀”等课程内容，如表 3.5 所示。

表 3.5　三年级生涯课程内容安排

课程维度	生涯主题成长，我能行	校园小岗位，我能行/职业微技能，我能行（上学期）	美好生活，我能行（下学期）
自我觉察与人际互动	我能够 我可以试试 我希望能够	（校园小岗位） 图书管理员 小小主持人 电子邀请函制作 小小裁判员 （职业微技能） 小小烘焙师 博物馆讲解员	今天，你扔对了吗 我型我秀 绿色家园一起造 小立立去哪儿玩 小小运动家 宝藏零食排行榜
自觉学习与综合运用	初识思维导图 思维导图进阶 我的时间去哪儿了 我会合理安排时间吗		
自发探索与信息整合	信息搜索知多少 百度搜索的“魔法”		
自主决策与素养提升	不同的选择，不同的结果 我选择是因为 选择之后 我为金钱分分队 不简单的花钱买东西 理性消费小能手 如何让钱生宝宝		

四年级是学生的思维逐步由具体形象思维为主要形式向抽象逻辑思维为主要形式过渡的阶段①②，因此在课程内容选择方面增加了抽象逻辑思维训练方面的内容。另外，考虑到四年级学生对学校生活已经非常熟

① 曲连坤，傅荣，王玉霞.第三部分　中小学生心理特点与心理健康教育　第一讲　中小学生的认知和思维发展特点[J].中小学心理健康教育，2002(7)：35－37.
② 赵伟.小学生数学形象思维能力的发展研究[D].南宁：广西师范学院，2011.

悉了，所以去掉了“校园小岗位，我能行”模块内容。“生涯主题成长，我能行”模块设计了“团队合作”“多样学习”“信息辨辨辨”“发散思维”等课程内容；“职业微技能，我能行”模块开设了“小立立侦探社”“小小游戏设计师”“旅游策划师”等课程内容；“美好生活，我能行”模块开设了多项智能设备用户研究的探究主题，比如看家神器智能摄像机用户研究，如表3.6所示。

表 3.6　四年级生涯课程内容安排

课程维度	生涯主题成长，我能行	职业微技能，我能行（上学期）	美好生活，我能行（下学期）
自我觉察与人际互动	我们的团队有目标 我们的团队有分工 我是团队的一员 当团队出现分歧	小立立侦探社 小小游戏设计师 旅游策划师 小小气象员 小小配音师 小小收纳师	智能摄像机用户研究 智能头盔用户研究 智能平衡车用户研究 智能水杯用户研究 智能音箱用户研究 智能手环用户研究
自觉学习与综合运用	家庭生活中的多样学习 校园生活中的多样学习 社会大环境中的多样学习 成长的秘诀——终身学习		
自发探索与信息整合	真假信息，辨辨辨 有效信息，辨辨辨 不同观点，辩辩辩 不同立场，辩辩辩		
自主决策与素养提升	小目标的力量 当意料之外来临 发散思维 1 发散思维 2		

五年级学生是小学毕业年级，因此在课程内容方面增加了对过去生活的总结和对未来生活展望方面的主题内容。“生涯主题成长，我能行”模块设计了“求助与助人”“我的成长经验”“你好，问题”等课程内容；“美好生活，我能行”模块开设了跟时代发展变化相关的课程内容，比如“共享时代，来了！”；“职业微技能，我能行”模块开设了“我是立立小主播”“小学生零碳生活指南”等课程内容。如表 3.7 所示。

表 3.7　五年级生涯课程内容安排

<table>
<tr><th>课程维度</th><th>生涯主题成长，
我能行</th><th>美好生活，我能行
（上学期）</th><th>职业微技能，我能行
（下学期）</th></tr>
<tr><td>自我觉察与
人际互动</td><td>求助与助人
积极求助
友善助人
我的支持网络
我就是我，不一样的花火
我就是我，不断成长的我
我的成长经验
我的未来憧憬</td><td rowspan="4">共享时代，来了！
美丽志愿者时代，来了！
零碳生活时代，来了！
新媒体时代，来了！
主播时代，来了！
新国潮时代，来了！</td><td rowspan="4">共享，让生活更美好
有志 有愿 等你来
小学生零碳生活指南
我们这五年
我是立立小主播
国潮时代，来了！</td></tr>
<tr><td>自觉学习与
综合运用</td><td></td></tr>
<tr><td>自发探索与
信息整合</td><td></td></tr>
<tr><td>自主决策与
素养提升</td><td>你好，问题
找出“真”问题
方法总比问题多
“问题”带来的启发</td></tr>
</table>

第四章

小学生涯教育校本课程实施探索

课程实施是将课程方案或课程计划付诸实践的过程，是实现预期课程目标的基本途径①。校本课程实施是学校将校本课程付诸实践并带入课堂的过程②，它涉及将基于学校办学理念和教育哲学思想开发的课程内容转化为学生的知识、技能、情感、态度、价值观和素养等③，从而实现课程的内在教育意义④。这一过程对学生的全面发展、教师的专业发展、课程领导者和管理者的能力提升，以及学校整体课程建设、教育文化的更新和教育特色的塑造等方面都具有重要的促进作用⑤。

校本课程实施是一个复杂的工程，它涉及教师、学生、校长、家长等人员，学校、教育行政管理部门、社区等组织，以及教育政策（教育制度、教育方针、教育理念、课程标准等）、课程编制（课程目标、课程内容、课程结构、组织逻辑等）、教学条件（教学环境、教科书、教学设备、基础教育设施等）等多方面因素⑥⑦⑧。教学是校本课程实施的主要途径，教学方法是实施

① 施良方.课程理论——课程的基础、原理与问题[M].北京：教育科学出版社，1996：128.

② 王斌华.校本课程论[M].上海：上海教育出版社，2002：169.

③ 毛雪梅.校本课程实施中的教学因素分析[J].内蒙古师范大学学报（教育科学版），2003(4)：91－93.

④ 杨明全.课程实施的学理分析：内涵、本质与取向[J].全球教育展望，2004，33(1)：35－38.

⑤ 陈飞.农村小规模学校校本课程开发研究[D].长春：东北师范大学，2018.

⑥ 靳玉乐.课程实施：现状、问题与展望[J].山东教育科研，2001(11)：3－7.

⑦ 艾尔肯·莫力大汗，孔凡哲，王辉.影响校本课程实施的主要因素[J].中小学教师培训，2007(10)：28－31.

⑧ 周长虹.校本课程保障因素及建议分析[J].黑龙江史志，2007(12)：61－62.

校本课程的主要手段[①]。只有当教师将教学建立在已有的课程计划基础上，将课程计划作为选择教学策略的依据，并寻求能促使学生吸收课程内容的有效教学方法时，课程才可能得以实施[②]。在学校实践中，以生涯课程注重体验为基本原则，结合学生身心发展特点，选择了主题式学习、项目化学习、社会实践学习和融入学科四类课程实施方式。

① 李艳.高中生物校本课程开发与实施[D].上海：华东师范大学，2006.
② 李臣之.课程实施：意义与本质[J].课程·教材·教法，2001(9)：13－17.

借鉴与参考：国内外小学生涯教育实施

国外的生涯教育方式已成体系化且丰富多彩，而国内一些地区、学校也在积极探索符合自身特色的生涯教育方式，这些宝贵的生涯教育实施经验都值得我们借鉴与参考。

国外小学生涯教育实施方式

（一）美国小学生涯教育方式

美国的小学生涯教育的主要方式包括课程介入、学科融入、生涯意识评估、生涯咨询、生涯启蒙出版物、“生涯日”活动、职业参观、就业跟踪、初中实地考察等[①②]。

课程介入是指独立开设的生涯教育课程[③]，用于向学生传授生涯知识和技能，包括生涯意识的养成、职业相关信息的介绍、生涯规划能力的培养等。小学生涯课程主要以活动为主，内容丰富且形式多样，例如，开展

① 高艳春.美国小学生涯教育的经验及启示[D].石家庄：河北师范大学，2018.

② 刘元.美国K-12生涯教育实践模式研究[D].上海：华东师范大学，2008.

③ 于珍.中小学职业生涯教育：来自美国的经验与启示[J].外国中小学教育，2008(3)：52-55，28.

培养学生生涯发展能力的主题活动，让学生们通过个人思考、集体讨论和分享等方式来提高对自我的认识①；通过播放教学视频、影片等让学生了解多维度的职业世界；运用各种工具，如信封、相机、地图、绘画工具等，带动学生全身心参与到生涯教育教学活动中；通过“模拟法庭”“模拟市场”“模拟商店”等情景模拟活动或角色扮演游戏让学生直观地体验职业特征②。

学科融入是指通过寻找各学科（比如英语、数学、科学等课程）中与学生生涯发展相契合的点，将生涯内容融入学科课程的内容开发和实施中，以帮助学生了解学科与职业的关系、增强学习兴趣、提高教学效果、提升生涯意识、促进生涯发展③。例如，在数学教学中，教师会向学生渗透与数学相关的职业，并通过参观、角色扮演等活动让学生体会这些职业的特点、练习与这些职业相关的简单计算④。

生涯意识评估是学校辅导老师通过面谈或问卷形式，对学生的兴趣爱好和职业生涯意识进行心理评估的过程。这一评估旨在提高学生对自己兴趣的认识，并帮助他们将这些兴趣与未来可能从事的职业联系起来⑤。

生涯咨询通常由专职的咨询工作者和职业指导老师负责。在美国，中小学校设有常年开放的生涯咨询机构，通过与学生进行直接的思想和情感交流，帮助学生认识自我、明确个人需要，并做出适合自己的职业选择⑥。

生涯启蒙出版物是学校为学生提供的一些适合其年龄段的职业相关

---

① 高艳春.美国小学生涯教育的经验及启示[D].石家庄：河北师范大学，2018.

②③ 李敏，潘晨.美国纽约州小学和初中阶段生涯教育研究[J].河北师范大学学报（教育科学版），2015，17(6)：83－87.

④ 栗新.美国小学职业生涯教育管窥[J].教学与管理，2015(20)：57－58.

⑤ 塔娜.美国中小学职业生涯辅导研究[D].长春：东北师范大学，2008.

⑥ 于珍.中小学职业生涯教育：来自美国的经验与启示[J].外国中小学教育，2008(3)：52－55，28.

读物，比如《他们是如何工作的》《职业词典》《牙科清洁技术员》《体育教练》《刑事侦查技术员》等①，这些读物旨在帮助学生对各种职业有初步的认识，并扩大他们的职业认知范围。

“生涯日”活动是很多学校从小学一年级开始定期举办的职业启蒙教育活动。学校会邀请来自各行各业的人士，包括学生家长，比如工程师、企业家、银行家、医生、律师、消防队员、商店经理、警察等，来校举办讲座。他们向孩子们介绍与职业有关的知识，包括工作要求、内容、性质、条件、求职方法、薪水报酬等②，以帮助学生增加对工作的认识并增强生涯意识。

职业参观是学校组织的实践活动，让学生到工厂、商店、医院、公司等场所进行参观。在参观过程中，学生将与相关人员进行座谈，就他们感兴趣的问题和疑惑寻求解答。参观结束后，职业指导教师会组织讨论和总结，以深化学生对职业的理解和认识，从而加强职业指导③。

就业跟踪是一项针对 5—10 年级学生的活动，让学生有机会近距离观察工作场所顾问的日常工作。通过这种方式，学生可以了解学校所学知识如何与实际工作相联系，并在顾问的帮助下解答疑问，激发他们的学术学习动力④。

初中实地考察是为五六年级的学生提供的服务，让他们在正常上课日参观当地的中学⑤，帮助他们了解初中学校的环境和学习生活，为将来毕业后顺利升入初中做好准备。

（二）英国小学生涯教育方式

英国小学阶段的生涯教育主要通过两种方式实施：嵌入课程的生涯

---

①② 塔娜.美国中小学职业生涯辅导研究[D].长春：东北师范大学，2008.

③ 于珍.中小学职业生涯教育：来自美国的经验与启示[J].外国中小学教育，2008(3)：52-55，28.

④ 刘元.美国 K-12 生涯教育实践模式研究[D].上海：华东师范大学，2008.

⑤ 高艳春.美国小学生涯教育的经验及启示[D].石家庄：河北师范大学，2018.

教育和基于实践的职业活动①。

嵌入课程的生涯教育是将职业相关内容与课程教授相结合，具体包括主题教学和渗透学科课程两种方式。主题教学是在一个主题下探讨包括职业相关的多领域内容，让学生了解、体验甚至掌握与某种职业相关的基本素养。例如，英格兰东部的利格雷夫小学曾在“80天环游世界”的教学主题活动中，邀请一位在旅行社工作的家长参与讨论如何运用信息技能、写作技能和数学素养来制订旅行方案。渗透学科课程则是将生涯教育融入学校课程计划中，不单独设置课程，而是在课堂教学中引导学生了解相关职业和未来的工作世界，思考知识的实践意义，训练职业技能、创新思维和沟通技巧等②。例如，在PSHE（个人、社会、健康和经济）课程中，引导学生探索自己的兴趣、能力，了解相关职业和具体的工作内容③。

基于实践的职业活动主要包括提升职业认知的活动和培养职业基本技能的活动，提升职业认知的活动旨在帮助学生了解不同的工作和可能的职业路径，可以采取“引进来”和“走出去”两种形式。一方面，邀请行业专家或企业家进校演讲，介绍个人成长经历和就业市场形势。例如，英国斯特灵市的小学开展的“职业传送带”活动，邀请雇主与学生讨论特定职业的工作内容。另一方面，组织学生参观工厂、进行学徒制实习或参与社区活动，让学生体验工作世界，搭建校园与社会之间的桥梁④。培养职业基本技能的活动常以主题日、主题周或项目的形式开展。例如，托利亚诺小学举办的“工作世界中的数学”主题周、STEM周，以及约克郡-亨伯地

---

① 刘禹卓，刘超.英国小学阶段生涯教育的多元化实施路径[J].上海教育，2023(11)：12－15.

② 陈伊苗，刘佳.英国小学阶段的职业生涯启蒙教育——来自英国“生涯相关学习”的经验[J].职业教育研究，2022(9)：89－96.

③④ 田静，石伟平.英国生涯教育：新动向、核心特征及其启示[J].中国职业技术教育，2019(18)：83－88.

区某小学与职业机构、约克大学合作开展的“儿童工业大比拼”项目，通过课程让小学生了解工业与学科之间的关系，并完成小型实验[①](见表4.1)。

表4.1　英国小学生涯教育活动案例

主　题	内　　容	目　　标
STEM 主题日 (三至六年级)	(1) 了解铁路建设工程中的不同职业。 (2) 用积木、纸张、胶带等材料搭建桥梁。 (3) 填写主题日学习日志，反思八大基本技能的发展情况。	(1) 建立工程、STEM教育和基本技能之间的联系。 (2) 培养自信心、问题解决能力、沟通能力、创造力、团队合作精神和领导力。
未来交通 挑战日 (各个年级)	(1) 设计适应不同地形和环境的交通模式，并制作3D模型。 (2) 汇报建筑模型的设计理念，阐述如何通过基本技能促进可持续发展。	(1) 在学校内树立优先发展基本技能的意识。 (2) 在模拟工作环境中培养基本技能。
模拟法庭 (六年级)	(1) 参观当地律师事务所，与工作人员和志愿者谈论工作内容。 (2) 进行模拟审判挑战。 (3) 复盘模拟审判挑战中如何运用“表达”技能，并展望未来如何运用这一技能。	(1) 树立职业榜样，激发职业理想。 (2) 了解工作中如何运用基本技能，包括表达、创造和领导能力。 (3) 在模拟工作环境中培养基本技能。

(三) 日本小学生涯教育方式

日本中小学生涯教育主要通过四个领域来实施：各学科教学、道德教育、综合性学习时间和特别活动。这些领域将生涯教育内容融入整体教育活动中[②]。具体来说，生涯教育的教学活动设计如下[③]：

各学科教学与生涯教育的结合主要表现在三个方面：① 将每个教学

① 刘禹卓，刘超.英国小学阶段生涯教育的多元化实施路径[J].上海教育，2023(11)：12－15.
② 刘晓萍.国际核心素养背景下日本中小学生涯教育研究[D].上海：华东师范大学，2017.
③ 蔡璐.日本中小学职业生涯教育研究[D].上海：上海师范大学，2017.

单元的指导说明与生涯教育要素相结合，将学习目的与未来生活相联系，使学生感受到学习的必要性，从而激发学生的学习兴趣，例如，在三年级的社会科学习中，目标之一是加深对社会现象的理解，并利用所学知识丰富生活；② 加深各学科教学内容与生活的联系，例如，在理科和生活科的教学中，当学习自然与植物的生长环境时，引导学生思考在当地环境下应如何进行日常生活，在设定学习意图的前提下，通过考察活动，锻炼学生的信息收集与应用能力及判断能力，明确在社会中生活所需的能力和态度；③ 利用与职业相关的人及其生活方式，例如，将其生平与职业联系起来，并用简单易懂的话进行解说，既能对学生的未来规划产生一定的影响，也能激发学生自主学习。

道德教育与生涯教育的结合主要通过与集体和社会有关的事情来引导学生遵守约定和规则，学习与他人合作，理解工作的必要性和意义，并形成正确的劳动观与职业观。例如，通过组织学生参加劳动或体验农家生活，让学生理解劳动的意义，体会劳动的艰辛与快乐。

在综合学习时间中，生涯教育常常通过体验活动来实现，如参加志愿者活动，让学生在帮助他人的过程中获得喜悦感。这些活动不仅帮助学生建立与他人和社会的联系，提高信息活用能力和意志决定能力，还能通过学习本地区发展作出贡献的伟人的事迹，思考人与社会的关系，发现自己想做的事情，提高学生参与社会建设的兴趣。

特别活动与职业生涯教育的结合通常采用集体活动的形式，帮助学生理解集体中每个人的责任，获得满足感与集体归属感，并提升意志决定能力等。例如，参加年级组织的清扫活动，可以让学生探讨组织构建与责任分担，以及清扫活动的意义和对工作的理解。

在具体实践过程中，教师可以采用各种方式方法，从生涯教育的视角去重新组织学校原有的特色活动，或设计新的活动。小学阶段的生涯教育教学活动大致分为两类：① 综合性成长活动；② 与职业相关的体验活动。前者旨在培养学生在集体中认识并发挥自己的作用，促进人际关系形成、社会性发展，提高自我效能感，形成积极向前的人生观，促进学生社会自立；后者则引导学生理解工作的意义，促进劳动观与职业观的发展（见表 4.2）。

表 4.2　日本小学生涯教育教学活动示例

	综合性成长活动	与职业相关的体验活动
各学科	探索学校周边（生活科） 栽培活动（生活科） 调查家庭成员（生活科） 访问育儿所（生活科）	参观工厂（社会科） 参观电视台（社会科） 访问农户（社会科） 参观消防局与警察局（社会科） 调查当地店铺与超市（社会科） 参观邮局、图书馆、政府（生活科）
综合性学习时间	与留学生的交流活动 地域环境调查 轮椅体验 与特殊学校的交流 参观幼儿园 学习地区传统文化	学校周边设施见学 职业向往调查 农业体验 参与制作地区特产 协助周边商店 学习当地名人事迹 访问当地老年人 访问当地艺术家 与周边人士交流职业
特别活动	干事活动 清扫活动 供给饮食活动 委员会活动 学生会活动 学生祭 与其他学年的交流活动 与高中生的交流活动 中学见学和中学生活体验	体验乳畜业的夏令营活动 以职业体验为主的修学旅行

综合以上经验来看，小学生涯教育的实施方式包括课程、校内外活动、生涯辅导等多种形式。其中，校外生涯考察与体验活动最为常见，其次是校内活动，再次是生涯教育课程。生涯辅导主要出现在美国（详见表 4.3）。

表 4.3　国外小学生涯教育形式

实施形式	美　国	英　国	日　本
生涯教育课程	专门的生涯课程	主题教学	
	学科融入	学科融入	学科融入
生涯辅导	生涯意识评估		
	生涯咨询		
校内活动	“生涯日”活动	生涯讲座	校内综合性成长活动
		主题日、主题周或项目	
校外生涯考察与体验活动	职业参观	职业参观	职业体验活动
	就业跟踪	学徒制实习	
	初中实地考察		校外综合性成长活动
		社区活动	
其他	生涯启蒙出版物		

国内小学生涯教育方式探索

北京市朝阳区幸福村学区通过多种途径和方式，全方位地推进生涯教育：① 开设专门的生涯教育课，利用综合实践课、心理活动课等，通过游戏、实践体验、故事、角色扮演等形式开展生涯教育；② 在学科教学中融入生涯教育，挖掘显性或隐性的生涯教育内容，潜移默化地对学生施加影响；③ 开展校内外实践活动，比如班队会生涯辅导、读书活动、职业体验基地参观等；④ 向家长普及生涯教育知识和技能，共同提升学生对生涯的认识，促进学生学习行为的转变；⑤ 发挥校园文化在生涯教育中的作用，将生涯教育纳入学校整体管理和文化建设中，充分利用校园资源进行生涯教育①。

成都高新区新科学校形成了“课堂＋活动”“德育＋教学”双管齐下的生涯教育方式，具体实施途径包括：① 生涯课堂，分为生涯辅导课、生涯讲堂和社团选修课三种形式：生涯辅导课由班主任根据学生实际情况，选择生涯教育校本教材《新科学校生涯辅导手册》中的内容进行教学，生涯讲堂邀请各行业人士介绍职业，以开阔学生的视野，社团选修课则以培养学生的兴趣和能力为出发点，由学生从科技小制作、头脑风暴、机器人、合唱、民乐、话剧、美术、蜀绣、茶艺、游泳、啦啦操等 50 余个社团中自由选择，每周五下午上课（每次 2 课时）②；② 新科城职业体验：通过将新科学校设想成一个机构完善的小型社会（含环保局、教育局、警察局、城管局、文体局、科技中心等机构），模拟各项工作的运行，让学生体验各种职业；③ 职业主题馆展示活动：每年一次的生涯节，每个班级都要将教室布置成一个职业主题馆，比如形象设计馆、面包房、快递公司、国医馆、健身房、电视台等，以供学生体验；④ 七彩假期活动：生涯课题组从时间规划、经典阅读、社区活动、感恩行动、职业体验、体育锻炼、科创制作、安全保护、假期旅行等方面设计不同年龄段的活动方案，旨在让学生自主地规划假期生活，有选择性地参加社会活动③。

北京市京源学校小学部通过多种途径来开展生涯教育：① 开设生涯课，并且根据不同学段学生的特点采取不同的教学方式，比如，高年级学生更多采用课程讲授的方式；② 开展生涯主题班会，比如针对六年级学生开展了“我的理想”“责任”等主题班会；③ 开展生涯主题活动，比如“各行各业我知道”“生涯人物访谈”等；④ 将生涯教育融入学科教学；

---

① 田光华.全方位推进生涯教育，促进师生幸福成长——基于北京市朝阳区幸福村学区小学生涯教育的实践探索[J].中小学心理健康教育，2016(23)：47－50.

② 朱祥勇.九年一贯制学校生涯启蒙课程构建与实施——以成都市高新新科学校为例[J].教育科学论坛，2018(2)：22－24.

③ 陈娟.九年一贯制学校生涯教育校本课程开发研究[D].成都：四川师范大学，2013.

⑤ 开设校园岗位实践课程，设置图书馆馆员、生活引导员等岗位让学生体验；⑥ 开设青年成就（JA）课程，比如“我们的城市”“我们的世界”；⑦ 利用学校及家长的资源，让学生实地体验不同的职业，比如组织学生参观201所、京能热电、击剑场馆、国际台等实际工作场所；⑧ 开设生涯体验活动课程，比如组织学生到海淀安全馆，扮演小小消防员，体验消防员的职业特点[①]。

上海市静安区小学生涯教育的实施途径主要包括4个方面：① 与习近平新时代中国特色社会主义思想进课堂结合，帮助学生树立正确的人生理想和价值信念，将个人成长与社会发展、民族复兴紧密结合；② 与学科教育教学融合，寻找学生学业与生涯发展的契合点，让学生在学习知识技能的同时培养生涯意识；③ 与心理健康教育整合，引导学生贯通自我与社会的连接点，例如，在“自我探索”方面，引导学生在认识自我的基础上提升对社会的关注，看到社会职业与自我能力之间的关系，在和学生探讨理想时打破职业的性别刻板印象；④ 联合家庭和社会资源，共同开展生涯教育，例如，开展生涯人物访谈活动，让学生了解父母的职业故事，与社会实践基地合作，开展职业生涯体验活动[②]。

台湾地区小学生涯教育的开展手段丰富多样，主要通过课程教学、生涯辅导活动和借助社会途径三种方式进行[③]。

课程教学主要是将生涯教育理念和内容融入语文、健康与体育、社会、艺术与人文、数学、自然与生活科技和综合活动等七大学习领域[④]。这种教学方式引导学生在学习过程中进行自我觉察，了解相关职业的特点、

---

① 袁榕蔓.小学阶段生涯教育实践探索：人生规划在童年[J].中小学心理健康教育，2015(23)：46－48.

② 杨红梅.加强区域顶层设计，助推学校生涯教育——上海市静安区小学生涯教育的实践与探索[J].现代教学，2020(Z2)：90－93.

③ 周羽全，钟文芳.我国台湾地区中小学生涯教育及其启示[J].内蒙古师范大学学报(教育科学版)，2010，23(12)：11－13.

④ 吴康妮.我国台湾地区生涯教育经验与启示[J].中小学校长，2021(9)：38－41.

工作环境和能力需求，为生涯探索与进路选择打下基础①。学校综合活动课是生涯教育实施的主要途径之一，既可以开展自我觉察方面的主题活动，比如，通过“我的角色”这一主题活动，帮助学生了解自己在不同环境中所扮演的角色，以及自己与家庭、学校、社区的关系，提高对自我角色的认识；也可以开展生涯探索方面的主题活动，比如，安排学生参观相关就业单位或机关，了解职业的基本概念和类别，或要求学生扮演小记者，访问亲友，了解他们的工作角色②。在其他学习领域，也可以适时融入生涯教育内容。例如，在语文教学中，安排说话或写作活动，让学生介绍自己的个性、兴趣、优缺点、价值观等，或写一篇简短的报告，描述自己的过去、现在和未来，以增加对自己的了解；在社会科教学中，根据教科书中提及的职业分类方法，进一步介绍各行各业所需具备的特质③；在艺术与人文领域，开展认识有关自我观念、认识不同工作角色、培养正确工作态度和价值观的生涯主题课程④；在数学领域教学时，安排学生规划周末的火车旅游活动，考虑预算、票价、时间和观光点⑤。

开展生涯辅导活动，即通过班级、小组或个人，有目的、有计划地实施特定的活动项目，让学生通过主动地参与和体验，进一步了解自我，提高生涯意识，促进生涯发展⑥。辅导活动的开展形式多样，包括班级辅导、小团体辅导、个别咨询、成长营、生涯博览会、主题工作坊、参观访问、读书讨论会、角色扮演、演讲比赛、辩论赛、生涯游戏和脑力激荡等⑦（见表4.4）。

---

①⑤ 陈志华.台湾地区职业生涯教育对大陆中小学教育的启示[J].福建教育学院学报，2014，15(8)：12-14.

② 周羽全.我国台湾地区中小学生涯教育研究[D].上海：上海师范大学，2011.

③ 林幸台，田秀兰，张小凤，张德聪.生涯辅导[M].台北：心理出版社股份有限公司，2010：190-191.

④ 吴康妮.我国台湾地区生涯教育经验与启示[J].中小学校长，2021(9)：38-41.

⑥ 周羽全，钟文芳.我国台湾地区中小学生涯教育及其启示[J].内蒙古师范大学学报(教育科学版)，2010，23(12)：11-13.

⑦ 周羽全.我国台湾地区中小学生涯教育研究[D].上海：上海师范大学，2011.

表 4.4　台湾小学生涯辅导活动示例

活动名称	目　的	实 施 程 序
职业 万花筒	通过分工合作的方式让学生了解台湾社会的各行各业及人生百态。	(1) 学生分组后，将所搜集到的招聘广告或老师所提供的职业资料剪贴在八开纸上，每一组完成一份，并互相讨论，找出应聘各行各业所需具备的条件。 (2) 学生尝试对各行各业进行简单归类，并解释分类的标准。 (3) 由每组代表向全班介绍该组所搜集到的职业种类，并简要介绍分类结果。 (4) 由教师汇总学生所搜集到的资料及其所报告的内容，讲解工作世界的分类体系，如士农工商的传统分类方式等。
职业特写	让学生了解父母亲所扮演的工作角色，并增进其对工作世界的初步认识	(1) 教师在活动之前说明父母亲工作辛苦的情形，并鼓励学生回家采访自己的父母，询问他们的日常工作内容及从事该工作所需的条件（可详列一采访表格供学生参考），并将采访内容记录于笔记本中。如果可以的话，向父母借用一些相关图片或照片。 (2) 在课堂上，学生分组分享他们采访的结果，并记录心得。 (3) 请各组代表轮流报告该组所讨论的结果，并回答其他同学的提问。 (4) 老师视情况补充说明应该如何了解一个行业，以及不同行业的工作内容。

借助社会途径主要是通过家庭、社区和企业资源来促进学生的生涯发展。例如，设计学习单，让学生调查父母亲（或其他有工作的家庭成员）、邻居以及社区人员所从事的工作，以了解周围成人所扮演的工作角色①；邀请社区中的从业人员到学校进行座谈，让学生了解这些人的特质与他们工作之间的关系，以及从事相关工作需要具备的条件；组织学生到学校附近的工商企业机构进行参观，了解各行各业的工作环境、工作时间以及工作内容等②。

①② 林幸台，田秀兰，张小凤，张德聪.生涯辅导[M].台北：心理出版社股份有限公司，2010：191.

除了以上地区、学校的生涯教育实践外，一些学者也对小学生涯教育的实施方式提出了一些设想。傅宏提出小学生涯教育课程的实施途径包括开设生涯教育课程（通过讲授法、学生演讲、小组合作与讨论、职业模拟表演、职业视频观看等多种形式）、与社会实践课程相融合（如参观职业场所、实地调查访谈、参加社会工作实践）、举办生涯讲座、召开生涯主题班会、组织生涯主题竞赛和实践活动、开展社团活动，以及搭建职业生涯教育电子平台等①。吴清英认为生涯教育可以采用叙事教学、团体辅导、自主体验、家长讲座、情境游戏模拟、实地调研、企业实践等方式②。郑巧认为小学生涯教育的实施途径包括设置专门的生涯教育课程、开展生涯教育社会实践活动以及将生涯教育融入学科教学③。梁思明针对5—6年级的生涯教育，提出了生涯专业知识讲授、职业角色扮演、生涯知识竞赛、生涯专家讲座、生涯实践活动、职业介绍演讲、生涯议题辩论赛等多种生涯教育方式④。王秋芳认为，生涯教育可以通过以下几个途径推进：开发具有本校特色的生涯教育课程、在学科教学中渗透生涯教育、将生涯教育融入学生的各类日常主题实践活动，以及联合家庭和社会资源⑤。江潇雯提出了多样化的生涯教育途径，包括以生涯教育课程为主阵地、注重其他学科课程的渗透、营造生涯教育校园文化、积极开展生涯教育主题活动、努力对学校资源进行再开发，以及注重校外资源的整合⑥。

从国内小学生涯教育的实施情况来看，生涯教育的形式多种多样，主要包括课堂教学（含学科渗透课程）和借助校内外资源开展丰富多彩的生涯实践活动。

---

① 傅宏.中小学职业生涯教育课程研究[D].青岛：青岛大学，2016.

② 吴清英.小学生涯规划教育课程建设初探[J].中小学心理健康教育，2018(20)：31－33.

③ 郑巧.小学生涯教育现状、问题及对策研究[D].石家庄：河北师范大学，2018.

④ 梁思明.小学5—6年级生涯教育课程设计研究[D].石家庄：河北师范大学，2020.

⑤ 王秋芳.小学生涯教育应发挥“四个效应”[J].教学与管理，2020(29)：10－12.

⑥ 江潇雯.小学生涯教育现状研究[D].上海：上海师范大学，2022.

探索与实施：校本生涯课程实施

生涯教育是一种注重体验的教育方式，它以学生为中心，坚持素养导向①，并注重实践与综合学习。这种教育方式注重以探究为中心的教学，强调课堂中的人际关系、时间和空间多元化和多层化，以实现个性的多样化交响。它是引导学生"与客观世界对话、与他人对话、与自我对话，并且通过这种对话，形成一种活动性、合作性、反思性的学习，也就是形式认知性实践、社会性实践、伦理性实践的'三位一体'的过程"②的教学。在学校生涯课程的实施中，根据目标领域内涵体系，结合四大内容模块课程的需要，以及 1—5 年级学生身心、思维等发展特点，主要采用四种课程实施方式：主题式学习、项目化学习、社会实践学习和融入学科。主题式学习，主要对应学校四大内容模块中的"生涯主题成长，我能行"，通过拓展型课程和校本课程实施③；项目化学习，主要对应"校园小岗位，我能行""职业微技能，我能行"和"美好生活，我能行"课程，通过探究型课

① 中华人民共和国教育部.义务教育课程方案(2022 年版)[M].北京：北京师范大学出版社，2022：14.

② 钟启泉.中国课程改革：挑战与反思[J].比较教育研究，2005(12)：18－23.

③ 说明：学校生涯教育课程建设起步于上海市二期课改设定了基础型课程、拓展型、研究型课程三类课程之时，因此起步阶段该部分内容以拓展型课程为主要实施空间；后续在实施新一轮教学改革中，该部分内容在校本课程中实施。

程、综合实践活动课程实施[①]；社会实践学习，主要在寒暑假期间通过充分融入生涯主题的社会实践活动课程实施。此后，随着新课程改革的推进，我们也尝试在学科教育中融入生涯教育。

主题式学习

主题式教学是一种以主题为核心的教学设计方法，它通过整合与主题相关的教学资源，促进学生的认知迁移，培养创新思维和探究能力[②]。这一教学方式在学科教学领域中被广泛认可，旨在为师生创设真实的教学情境。在这种情境中，学科知识与学生经验相结合，鼓励学生通过自主合作和探究，学会利用综合知识解决实际问题[③]。主题式教学旨在促进学生的全面发展，它通过跨学科的方式组织教学内容，强调学生的自我探究和自我建构[④]。常见的实施模式包括单元式主题教学模式、学科主题教学模式和跨学科式主题教学[⑤]。在生涯课程“生涯主题成长，我能行”模块中，我们采用了主题式学习作为教学方式。该模块围绕“自我觉察与人际互动”“自觉学习与综合运用”“自发探索与信息整合”和“自主决策与素养提升”四大目标领域，设计了丰富的生涯主题。通过开发多样化的教学活动，并将这些活动与学生的小学生活、家庭生活等实际经验相联系，与学生共同探讨情绪识别与表达、团队合作、多元学习、目标设定、认识校园、信息搜索能力、问题解决、学会休闲等方面的问题。这些活动旨在帮助学生在应

---

① 说明：同上，该部分内容，起步于探究型课程空间，后续在新一轮教学改革中，通过邀请专家评估等，明确该部分课程与综合实践活动课程高度吻合，因而作为综合实践活动课程校本化实施进行探索建设。

② 肖平.基于主题教学的教学设计应用研究[D].上海：华东师范大学，2006.

③ 苑璞，樊香麟.我国中小学跨学科能力培养与实践——基于现象的主题教学[J].文化创新比较研究，2021，2(12)：108－109.

④ 李祖祥.主题教学：内涵、策略与实践反思[J].中国教育学刊，2012(9)：52－56.

⑤ 乔虹.小学主题教学模式改进研究[D].天津：天津师范大学，2021.

对挑战、成长学习以及领悟过程中，获得必要的技能和深化认识等。

借鉴前人提出的多种主题式学习的教学模式，如“确定主题核心、扩充知识体系、选取教学内容、设计问题导入教学、组织主题活动、选择评价方法[①]”的模式，“资源利用—主题探究—合作学习[②]”的模式，以及“主题确定—主题分解—确定教学内容—确定教学任务—设计教学活动—整合学习资源—活动评估[③]”的模式，我们结合学校生涯课程的主题与内容，确定了适合我们需求的“主题确定—活动开展—回顾总结”模式（见图 4.1）：

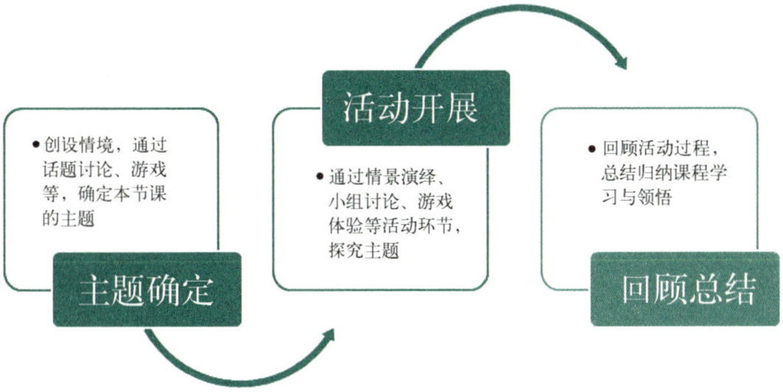

图 4.1 “主题式学习”模式

(一) 主题确定

根据课程目标和学生实际，在课程开始时，通过情境的创设，让学生通过交流和讨论来确定每节课的主题。生涯课程中的主题式教学主要分为低学段和中高学段。对于低学段的学生，我们主要采用绘本作为教学载体，选择的主题侧重于帮助学生适应小学生活和了解身边的职业；对于中高学段的学生，我们的主题式教学内容则更加深入，关注学生对自己、社会和时代的探究。通过创设真实和新颖的情境，充分调动学生的积极性。

① 黄永和.课程统整的理论与方式之探讨[J].新竹师院学报，1999(12)：232－260.
② 李克东.信息技术与课程整合的目标和方法[J].中小学信息技术教育，2002(4)：22－28.
③ 顾小清.促进 IT 与跨学科课程整合的主题学习模式[J].电化教育研究，2003(3)：61－65.

以三年级“思维导图”为例，在课程开始时，我们创设了一个真实情境：即将到来的秋游。我们提出了问题：需要准备哪些东西呢？如何清清楚楚地列出所有要准备的东西呢？通过讨论，学生们提出写笔记、画画、思维导图等多种方式。最终，我们确定了“我的秋游物品思维导图”这一主题。

（二）活动开展

生涯课程以体验性为原则，因此在活动的组织和开展中，我们注重体验。对于低学段的学生，我们以绘本精读、情景演绎为主；而对于中高学段的学生，则以游戏体验、小组讨论为主。

以三年级“思维导图”为例，由于多数孩子对思维导图这一学习方法还比较陌生。因此，我们首先明确了学习目标：了解一张好的思维导图的特点。学生们以小组为单位，通过观察样例，总结发现思维导图的绘制要点。接下来，结合秋游情境，学生们探讨了本小组要带的物品类别及具体物品，并尝试以思维导图的方式绘制出来。

（三）回顾总结

活动最后，教师会引导学生对本节课进行回顾反思，内化生成自己的经验。在低年级绘本教学中，老师会引导学生将绘本内容延伸到校园、生活中，将所学知识运用到实际中去；在中高年级，教师则引导学生对本节课的内容及学习到的方法进行总结，生成自己的看法和理解。

在“思维导图”课程的回顾总结环节，教师带领学生们对思维导图的特点和绘画过程进行了总结，并思考思维导图可能应用的其他情境。

项目化学习

近年来，项目化学习已成为培养 21 世纪关键技能的重要途径。上海市在《义务教育项目化学习三年行动计划(2020—2022年)》中提出了以创造性问题解决能力为导向,通过项目化学习的实践和研究,推动教与学方式的变革。该计划以活动项目、学科项目、跨学科项目为载体,旨在促进义务教育学校的教学创新①。《上海市教育委员会关于实施项目化学习推动义务教育育人方式改革的指导意见》进一步明确,到2026年,义务教育学校将常态化实施项目化学习,届时教师的教学理念、教学行动和学生的学习方式将发生积极变化,基本形成新的教与学模式②。在学校建设生涯课程的初期,我们便开始探索如何通过项目化学习来开发和实施"校园小岗位,我能行""职业微技能,我能行"和"美好生活,我能行"等课程模块。

项目化学习是指学生在一段时间内对与学科或跨学科相关的驱动性问题进行深入且持续的探索。在这个过程中,学生调动他们的知识、能力和品质,创造性地解决新问题,并形成公开的成果。通过这种方式,学生能够对核心知识和学习过程形成深刻的理解,并能够在新的情境中进行迁移③。项目化学习具有实践参与、项目整合、内在动机、合作探究、高阶思维、作品导向等六个特点④。国内外的研究表明,项目式学习能够极大地激发学生的学习主动性,让学生通过实践参与来学习,实现学用合一,运用综合知识去发现问题、解决问题和创造新知。

借鉴前人提出的项目式学习教学模式,诸如"选定项目、制订计划、活

---

① 上海市教育委员会.关于印发《上海市义务教育项目化学习三年行动计划(2020—2022年)的通知》[EB/OL]. (2020-10-12)[2024-04-01]. https://edu.sh.gov.cn/shgy_fzgh_jygh_4/20211217/7b4e0253f9fc4375ba47480996f946ba.html.

② 上海市教育委员会.上海市教育委员会关于实施项目化学习推动义务教育育人方式变革的指导意见[EB/OL]. (2023-09-01)[2024-04-01]. https://edu.sh.gov.cn/xxgk2_zdgz_jcjy_01/20230901/d22c1043024d4d0e9d32b85fd3392186.html.

③ 夏雪梅.项目化学习设计:学习素养视角下的国际与本土实践[M].北京:教育科学出版社,2019:6-7.

④ 高艳.项目化学习在小学语文单元整体教学中的应用研究[D].武汉:华中师范大学,2021.

动探究、作品制作、成果交流和活动评价”等这六个基本步骤①，以及“拟定项目主题、确定项目化学习目标、设计项目活动、选择所需资源、编制项目化学习方案、安排学习时间、决定对项目的评价②”等步骤，我们通过探索与实践，确定了学校项目化学习按照准备阶段、执行阶段和收尾阶段三个阶段进行设计与实施。准备阶段主要包括项目主题确定、小组分工、计划制订等；执行阶段，主要包括活动探究、作品制作等；收尾阶段，主要包括成果交流、活动评价等。

（一）准备阶段

此阶段，课程以真实性问题为驱动，发布具体的学习任务。如：

十岁生日之际，为自己制作一份生日派对电子邀请函；

为智能音箱完成一份产品优化建议书；

寒假来临，请小组合作完成寒假旅行行李箱的收纳，制作整理小窍门手卡。

同时，在准备阶段，教师扮演着关键角色，他们将带领并引导学生进行深入的问题分析，明确成果要求，并拆解问题链和任务链，协助学生制订计划，并完成团队建设等。

以“电子邀请函制作”课程为例，教师以三年级学生普遍将举办十岁生日派对为背景，发布了自制电子邀请函的任务。学生们在之前的课程嘉年华活动中已经对这一任务充满期待。教师首先引入传统邀请函的概念，与学生一起探讨生日派对邀请函应包含的要素。接着，介绍相关制作平台，鼓励学生积极探索。在教师的指导下，学生们通过小组讨论来确定完成电子邀请函所需的各项任务，并共同

① 刘景福，钟志贤.基于项目的学习（PBL）模式研究[J].外国教育研究，2002（11）：18－22.

② 杨洁.多元智力理论视野下的项目化学习[D].上海：上海师范大学，2004.

制订计划，进行小组分工。最后，完成电子邀请函的制作。

（二）执行阶段

在这一阶段，学生按照既定计划，开始执行任务。

以"电子邀请函制作"为例，学生依次完成以下任务：充分探索相关制作平台，构思符合个人风格和期待的电子邀请函；搜集、分类、整理制作电子邀请函所需的文字、照片、地图图片等信息；并最终制作出电子邀请函。

（三）收尾阶段

本阶段以作品展示、课程复盘和评价为主。评价过程中，我们以激励为主，既关注学生的过程性表现，也关注他们的成果。

以"电子邀请函制作"为例，在收尾阶段，教师组织学生分享和展示各小组完成的电子邀请函。同时，教师还引导学生进行课程复盘，交流制作经验，并进行自我评价和同伴评价。

社会实践学习

相较于传统的课堂教学，实践性学习可以提供一个更开放的教学环境、更丰富的教学资源和更多样的教学方式。在这样的环境中，学生可以在广阔的时空背景中认识自我、探索世界，与自己对话，与同伴合作，与社会互动。这一学习方式具有双重属性、综合性、社会参与性、合作性①、教育性、协同性、多样性、目的性和阶段性②以及主体性和灵活性③等特点，

---

① 王爱华.社会实践活动的概念、特征与内容探析[J].常熟高专学报，2004(3)：87－89，112.
② 武剑英.大学生社会实践活动实效性研究[D].石家庄：河北师范大学，2016.
③ 刘燕妮.基于学科核心素养的高中思想政治课社会实践活动的实施研究[D].扬州：扬州大学，2019.

可以开阔学生的知识视野，激发学生的创造思维和学习兴趣①，激发学生学习的自主性，培养学生的社会责任意识②。在社会实践类学习中，我们鼓励学生以主人翁的角色，而非被动接受安排的角色，参与家庭生活和社会活动，通过学习与实践自立，体验与实践生动成长。

借鉴参考前人提出的实践性学习组织模式，我们强调任务驱动和问题导向，认识到学生能力的差异性，并体现出层次性③。同时，我们采用探究型、整合型、体验型三位一体的策略，互相协同地开展社会实践活动④。在学校实践过程中，我们探索了“活动任务发布与课程导入→实践实施→成果交流”的模式。

（一）活动任务发布与课程导入

这类学习活动通常安排在寒暑假期间，在放假前夕，我们会安排活动任务发布与课程导入环节，主要包括两大内容。第一，活动任务发布，即以寒暑假生活情境为背景，向学生发布实践活动的主题、任务以及成果要求；第二，带领学生分析和讨论实践活动和任务等，并进行必要的支撑材料学习，引导学生在后续实践活动开展中进行更多的自主学习。这一阶段的核心目标是引导学生构想如何自主且高质量地完成和实施实践活动。

以 2022—2023 学年寒假期间面向中高年级学生的“大展宏‘兔’年夜饭——我是小小营养师”活动为例，正值兔年春节，我们考虑到小学生能够参与家庭生活和家务劳动，明确了“以‘家庭小小营养师’的角色，和家

① 宋时春，田慧生.问题解决学习：综合实践活动实施的重要方法[J].课程·教材·教法，2015，35(7)：23－28.

② 汤影影.初中生社会实践活动融入思想品德课教学的策略研究[D].上海：上海师范大学，2018.

③ 张建国.德育课教学“活动性”的内涵、意义及实现条件[J].课程·教材·教法，2015，35(9)：72－76.

④ 孙宽宁.综合实践活动的价值反思与实践重构[J].课程·教材·教法，2015，35(5)：43－48.

人一起准备一顿健康的年夜饭”的活动任务，并要求学生以视频形式呈现这一过程及家人的反馈。在活动任务发布时，学生表现出了浓厚的兴趣。接下来便是进行必要的课程导入，与学生探讨如何完成这一实践活动任务。我们讨论了准备一桌年夜饭需要考虑的因素，以及如何使年夜饭更健康。基于三年级“宝藏零食排行榜”课程的基础，学生们自然想到要去查阅膳食营养搭配指南等相关信息，还有学生提到了之前听过的专家课程。这一实践为个人活动，学生无需与同学组队完成，但需要与家人进行深入沟通与讨论。因此，我们建议学生做好“家庭小小营养师”的准备，以便与家人进行有效沟通和探讨。同时，我们也引导学生根据家人准备年夜饭的负责人员、时间安排和惯例等，思考如何积极加入这一活动。

（二）实践实施

学生的活动空间扩展到了家庭和社会，他们需要完成从制订计划到执行活动，再到最终完成的全过程。例如，“大展宏‘兔’年夜饭——我是小小营养师”课程，就是由学生在寒假春节期间完成的。同期，面向低年级学生的“大展宏‘兔’大扫除——我是小小收纳师”课程，则结合春节期间家庭普遍进行的大扫除活动，鼓励学生积极参与家务劳动的全过程。

（三）成果交流

在实践活动结束后，学生准备好他们的实践成果，并与同学和老师进行交流分享。

以 2022—2023 学年寒假“大展宏‘兔’年夜饭——我是小小营养师”为例，学生们交流分享了“健康营养”的秘诀，并且学校公众号也分享了他们的作品。一位学生的爷爷在视频中表示：“今年，我听从了孙女的建议，注重荤素搭配，少油少盐，我们一起动了很多脑筋，年夜饭既丰富又健康，我非常满意。谢谢孙女给我的帮助。”

生涯教育融入学科课程

参考国内外经验，学科融入是各国开展生涯教育的重要路径之一，既可以在学科探索中培养学生的生涯意识和素养，提高学生的综合素质和能力，还可以促进学科教学的深度发展①。学科融入是指通过寻找各学科（比如，英语、数学、科学等课程）中与学生生涯发展相契合的点，将生涯内容融入学科课程的内容开发和实施中，以帮助学生了解学科与职业的关系、增加学习兴趣、提高教学效果、提高生涯意识和促进生涯发展②。在持续深化课程改革、育人方式变革的今天，生涯教育融入学科课程也是助力学科实现素养导向、强化学科实践、推进综合学习和落实因材施教③的极佳路径。

在新课标、新课程的指引下，我们在探索学科课程中融入生涯教育时，需要关注学科核心素养、单元教学内容、学业质量标准等相关要素，还需要结合学生学科学习重难点、校园活动、家庭生活等学习与成长实践，设计相应的教学活动。在实践中，我们主要探索了融入日常教学活动、融入单元教学项目化学习两种路径。

融入日常教学活动，主要以正常教学活动为主，其中引入学校生涯教育相关目标与内涵等，助力学科教学。如学校生涯教育四大领域内涵之"自觉学习与综合运用"在三年级的分解主题包含"优化策略，计划学习"，其中在"生涯主题成长，我能行"模块中，设计实施了"思维导图"主题。为便于学生理解和掌握，生涯课上主要带领学生通过梳理秋游需要带哪些

---

① 徐国民，杜淑贤，钱静峰.中小学生涯教育理论与实务［M］.上海：上海交通大学出版社，2017：113－114.

② 李敏，潘晨.美国纽约州小学和初中阶段生涯教育研究［J］.河北师范大学学报（教育科学版），2015，17（6）：83－87.

③ 中华人民共和国教育部.义务教育课程方案（2022年版）［M］.北京：北京师范大学出版集团，2022：14.

物品等，引入、练习了思维导图，并引导学生在学科教学中使用。随即，生涯课程教研团队小组长兼学校课程管理部英语学科分管教导、英语学科教师申请了区级课题“思维导图在小学中高年级英语语音教学中的案例研究”，探索在英语学科语音知识学习中带领学生学习和使用思维导图这一学习策略，并探索在引入、教授新课、课外复习环节中均以思维导图为媒介，带领学生联系新旧知识，巩固知识，建立知识框架等；并提高学生学习兴趣和主动性，提升语言能力、思维品质和学习能力①等英语学科核心素养。

融入单元教学项目化学习，主要以教材中的单元为基础，以单元主题意义为导向，以项目化学习的方式，融入生涯教育相关目标与内涵，对教学内容、教学目标、教学活动和教学效果评价进行整体化设计②。如“体育与健康”课程四年级有一单元教学内容为篮球，同时学校生涯教育四大领域内涵之“自我觉察与人际互动”在四年级的分解主题包含“建立关系，合作互助”，其中在“生涯主题成长，我能行”模块中，设计实施了“我们的团队有目标”“我们的团队有分工”“我是团队的一员”“当团队出现分歧”等主题式学习。生涯课程教研团队成员兼体育教师(该老师同时是三年级“我是小小裁判员”项目化学习课程的设计老师、执教老师)在篮球这一单元教学中，设计实施了“政小班 BA，我们来办”这一项目化学习活动，以举办班 BA 为总体任务驱动，学生以队员、活动策划与裁判、啦啦操团队成员为角色，分组实施技能训练、活动策划与组织、裁判、设计和跳啦啦操等任务，自编自导自演一次班级篮球赛。该模块(8 课时)教学在篮球技能训练模块(10 课时)之后，从学生选择角色、组建团队、制订团队工作方案为

① 中华人民共和国教育部.义务教育英语课程标准(2022 年版)[M].北京：北京师范大学出版集团，2022：4－5.

② 整合参考了《高中英语单元整体教学设计的策略》中对单元整体教学设计的定义。胡润，陈新忠.高中英语单元整体教学设计的策略[J].中小学外语教学(中学篇)，2020(9)：8－12.

准备阶段，赛前准备和赛事举行为执行阶段，反思与复盘为收尾阶段进行，并在全程注重学生对各角色如何承担职责，如何合作制订工作计划，并在具体工作开展中如何调适、推进等，以及如果出现分歧、冲突如何处理等的融入，让学生在真实的项目中体验和创造性解决问题。

第五章

小学生涯教育校本课程评价探索

课程评价是对课程实施的可能性、有效性和教育价值进行研究和评价[①]的过程，是课程建设的重要一环，也是推动课程开发、建设与发展的关键力量[②]。教育部在2001年发布的《基础教育课程改革纲要（试行）》中强调，要“改变课程评价过分强调甄别与选拔的功能，发挥评价促进学生发展、教师提高和改进教学实践的功能”[③]，为课程评价指明了发展导向。

与传统的鉴别性评价相比，发展性评价在多个方面展现出显著差异。在价值取向上，它不再仅仅关注学生学习成果是否达到预定目标，而是注重课程与学生发展的互动关系[④]，即课程如何促进学生的全面发展，以及学生的发展如何指导课程的持续优化和价值提升。在评价理念上，我们采取发展性评价观，这种观念支持多元化评价，将评价范围拓展到课程建设本身、课程实施场域以及利益相关方等，评价内容范围更全面，关注多元主体对评价的参与和需求表达，以及应用多元化的评价策略[⑤]。在评价周期上，传统评价通常将评价活动限制在课程实践的最终阶段，作为一个孤立的、终结性的验证环节，而发展性评价则强调将评价贯穿课程始终[⑥]，不仅关注学

① 丁念金.课程论[M].福州：福建教育出版社，2007：439-440.

② 王润，张增田，章全武.核心素养：课程评价的时代追求[J].教育理论与实践，2018，38(4)：52-56.

③ 中华人民共和国教育部.教育部关于印发《基础教育课程改革纲要（试行）》的通知[EB/OL].(2001-06-08)[2024-03-21]. http://www.moe.gov.cn/srcsite/A26/jcj_kcjcgh/200106/t20010608_167343.html.

④ 徐彬，刘志军.指向核心素养的课程评价探析[J].课程·教材·教法，2019，39(7)：21-26.

⑤ 刘志军.论发展性课程评价的基本理念[J].学科教育，2003(1)：6-10，21.

⑥ 蒋雅俊.课程评价：课程价值的创造与实现[J].华南师范大学学报（社会科学版），2014(3)：63-68，162.

生的即时学习成果，更将其作为课程持续改进的依据，强调课程评价活动的连续性和动态性。在评价方法上，以表现性评价为主要形式，实施过程性评价，重视对学生学习过程信息的挖掘与阐释①，以促进学生个性化发展和综合能力的培养。

学校课程是对国家课程标准的执行和校本化表达②。一方面，学校需要落实新一轮课程改革方案与相关标准；另一方面，也需要根据学校独特的理念与育人目标，或依据学校面临的课程发展问题，主动对课程进行校本化调整或者重构，以实现学校特色课程体系建设的实践。因此，在构建学校课程评价体系时，应紧密结合学校的办学理念、学校文化和育人目标③，从更宏观的角度理解课程内涵，基于课程体系的总体规划来构建校本课程评价标准，以确保课程建设的可持续性。从中观角度，课程评价应涵盖课程、学生、教师和学校等多个方面。在课程方面，评价内容应包括课程总体目标、组织架构、实施情况以及资源保障等。对于学生，评价应关注他们在学习过程中的行为态度、能力发展，以及他们在任务和作业中的表现性成果等。教师方面，评价应包括教学设计和专业能力的发展。学校方面，则应考虑课程实施的背景、成本评价，以及校本课程建设是否满足学校自身发展需要和质量改进。在微观层面，每项评价的内容与方式都应依据不同年级的具体目标和课程活动来确定，并充分发挥教师、学生、课程专家、课程管理者和家长等多元角色的作用。通过这样的评价，我们可以发现课程活动中蕴含的新价值④。

在具体实践探索中，我们主要从课程总体规划建设评价、评价标准制定、课程实施过程评价、课程实施成效评价这四个方面进行建构。

---

① 邱枫蓝.课程评价发展的历史视角[J].福建师范大学学报(哲学社会科学版)，2008(2)：162－167.

② 李红恩.学校课程评价的意蕴、维度与建议[J].教学与管理，2019(34)：1－4.

③ 李红恩.特色课程建构的迷思、意蕴与理路[J].教学与管理，2017(7)：1－3.

④ 李达.校本课程评价初探[D].上海：华东师范大学，2014.

生涯校本课程规划建设评价与标准设计

生涯校本课程总体规划建设评价

校本课程是围绕课程目标逐年开发建设的。在这个过程中，教师团队不断进行“设想—验证—调整”的摸索，对生涯教育、项目化学习等进行持续的学习、探索和思考。因此，对课程总体规划进行阶段性评估与调整尤为重要，以确保课程始终围绕其“满足学校自身发展需要”的初始愿景。具体而言，评估所有课程是否能够映射学校的办学理念，突出学校办学特色，并指向学校既定的课程目标与学生核心素养的培养。同时，也需要检查课程在某些方面是否存在偏颇、重叠等情况，是否缺乏螺旋上升的连贯性，或者是否有被忽视的部分。

生涯校本课程评价标准设计

课程评价标准不仅是一套衡量和评估课程设计、实施和成效的准则和指标，还具有指导教师教学实践、促进学生学习成长以及推动课程持续改进的关键作用。学校生涯教育课程是在不断探索与实践中逐步建构和完善的。对于确保课程设计、实施和成果能够反映学校办学理念和特色，聚焦于学校生涯课程四大领域1—5年级分解目标内涵，以及培养学生的核心素养，并满足包括学生、家长及社会在内的各方期望，课程评价标准的精心设计尤为关键。

(一) 校本课程评价标准设计的基本原则

校本课程评价标准是评价活动的基础，对于准确反映课程的质量、推动学生学习成果的提升，并与学校的教育目标保持一致至关重要。基于对文献的梳理、参考国家政策文件要求，并结合学校实际情况，政立路小学在制定生涯教育校本课程评价标准时，遵循了以下基本原则：

1. 遵循国家课程标准，落实国家育人目标

校本课程是国家课程的校本化表达，因此校本课程的评价标准应该始终与国家的教育目标和课程标准保持一致，确保评价内容符合教育部对于新时代学生应达到的正确价值观、必备品格和关键能力要求。

2. 聚焦核心素养，尊重学生身心发展特点

校本课程评价标准应依据学生终身发展和社会需要，聚焦于我国学生发展核心素养和小学阶段生涯教育目标。同时，评价标准需要考虑小学阶段学生的年龄特点、认知水平发展以及社会情感成长等方面的需要，确保评价过程和结果对学生成长是有积极正向的反馈。

3. 结合学校及地区特色，关联学生实际生活

生涯教育是一种深度融入实际生活场景的情境性教育活动。在筛选和构建课程内容时，它不仅注重学生知识、技能、情感、态度的协同发展，还特别强调这些学习成果在学生整个生命历程中的实际应用，以及他们如何在特定环境中与他人和社会互动。因此，在制定生涯教育评价标准时，应当结合课程内容和实施，深入挖掘并融合学生的生活体验和成长环境，确保评价体系真实反映并服务于学生的实际需要和未来人生发展，同时兼顾学校和地区的特色。

4. 注重标准的可行性与可操作性

发展性的课程评价是一个需要不断审视以持续改进的过程，这就意味着课程目标、课程实施、学习过程、课程资源等无法用恒定不变的量化指标来描述①。生涯教育尤其如此，因为它对情境的依赖性与可变性进一步强化了评价的动态性。因此，在建立生涯教育课程评价体系时，关键在于构建一套有效的评价标准，这些评价标准应该倾向于对“学生应该学会什么”“学生该如何发展”以及“学生能够做什么”等做一般性的陈述和价值判断②。同时，这种描述要求教师手册、学生学习资料等其他文本性材料根据内容和情境做出进一步的具体阐述，使评价者在评价课程的各环节要素时有明确的依据和方向，从而更有效地进行操作和判断。特别值得一提的是，学校生涯教育课程中很大一部分是以项目化学习的方式进行的，随着学习、探索和实践的进行，教师团队普遍形成共识，项目式学习的评价标准应在项目式学习开始时就在学生和教师之间分享并达成共识③。如果条件成熟，最好是教师和学生讨论形成的④。因为项目化学习中的评价工具被视为评分程序或指南，它们列出了学生表现的特定标准，并描述了这些标准上的不同表现等级。一个好的量规可以强调关键的评价维度，为学生提供充分的指导。它让学生了解什么是好的表现和成果，什么是不能接受的表现和成果，并对照自己和伙伴的行为，引发学生的自我反思。这引导学生进行更深层次的探索、创造与合作⑤。因此，评价标准的可行性、可操作性至关重要。

---

①② 雷浩.基于核心素养的课程评价：理论基础、内涵与研究方法[J].上海师范大学学报(哲学社会科学版)，2020，49(5)：78－85.

③⑤ 夏雪梅.项目化学习设计：学习素养视角下的国际与本土实践[M].北京：教育科学出版社，2018：116－117.

④ 夏雪梅.项目化学习的事实：学习素养视角下的中国建构[M].北京：教育科学出版社，2020：187.

(二) 校本建构：小学生涯教育课程评价标准

结合前述制定评价标准的基本原则，我们综合了课程需要、学生发展水平与特点等因素，对本校生涯课程设计时应考虑的课程背景、课程目标、课程内容、课程实施、课程评价和课程一致性等因素设定了评价标准，供教师团队开发课程参考，以及学校对每一门课程实施评价时使用。

1. 课程背景

对校本课程的背景评价聚焦于对课程本身价值的研判，实质上是对学校所处环境的需求、可利用资源和现存挑战进行深入反思和分析。这包括评估学校开设校本课程的必要性和可能性，以及该课程预期是否能够有效应对现存的问题。课程背景的评价标准可以从外部和内部两方面来设定：外部标准包括国家和社会对于人才培育的目标导向，学校所处社区特有的教育资源，以及家长和其他利益相关方的期望和偏好①。这些因素帮助我们考量开设课程的必要性。内部指标则关注学校的教育目标、文化特色、发展规划，以及现有的师资和设施条件，以判断其对促进学校发展和问题解决的潜在贡献和成本效益。这一过程需要阶段性进行，主要通过分析政策文件、梳理学校办学情况、进行相关方调研等手段来收集信息，并进行分析与判定。

2. 课程目标

围绕“学会自立　生动成长”的办学理念，政立路小学建构了涵盖四大领域、贯通五年学习的纵向衔接目标体系。在课程设计中，这些目标需要被转化为具体的行为和表现目标，以明确展现生涯课程对学生预期的教育成效。因此，对课程目标的评价实际上是对这些具体行为和表现目标与整体目标体系的一致性的评估。同时，考虑政立路小学生涯教育课程相继以拓展型课程、探究型课程、综合实践活动课程、校本课程为主要空间和形式，设定的目标也要体现探究型学习、综合实践活动校本课程的

① 李达.校本课程评价初探[D].上海：华东师范大学，2014.

特点。具体而言，既需要对总体目标体系进行更精细的拆解，还要基于对真实问题情境进行分析。同时，这一过程应基于 SMART 法则进行，确保目标规范化、可操作、可测量，体现促成目标达成的过程与方法，并指向主要结果。此外，课程目标之间应呈现逻辑性，适应不同个体身心发展特点和不同能力发展需求的学生的学习期望。同时，还应强调课程目标的动态性，能够随着课程实施的深入、学生需求的变化以及教育环境的演进而进行相应的调整。

3. 课程内容

课程内容是实现课程目标的核心载体。聚焦中国学生发展核心素养和学校设定的小学阶段生涯教育目标，政立路小学设计了“生涯主题成长，我能行”“校园小岗位，我能行”“职业微技能，我能行”“美好生活，我能行”四大模块课程。在具体评价课程内容时，有三个关键方面：其一，课程内容的适切性，即课程内容是否与小学生的认知水平、身心发展特点、生活情境与经验等相匹配，是否符合从低年级到中高年级的螺旋递进与上升的要求；其二，课程内容的时代性，新时代的小学生面临新的教育情境，有着属于他们的当下与未来，课程需要立足当下，陪伴学生应对当今的小学生活情境，积极回应小学阶段当下的困惑、问题与需求，同时带领他们碰触时代，看见时代，预见未来。正如生涯咨询与辅导大师金树人老先生所言：“一个人若是看不到未来，就掌握不了现在；一个人若是掌握不了现在，就看不到未来。”①其三，课程内容及配套资源能否体现地区和周边特色，具有丰富性和趣味性，能让学生联系到、应用于日常生活。

4. 课程实施

在评价生涯教育校本课程实施的质量时，核心在于衡量教师将课程内容转化为学生的知识、技能、情感、态度、品格和价值观等。为准确判断这一转化效果，评价标准需细化为几个关键指标：首先，评价要着眼于教

① 金树人.生涯咨询与辅导[M].北京：高等教育出版社，2007：序言.

师对教学设计的综合掌控，包括教学形式、地点、任务内容、课时安排等要素，以及教师是否对学情和教学目标有贴切的了解和把握，是否在学情和课程目标中间架设了合适的“桥梁”，教师是否对课堂活动有适切的、创新性设计等。这些是实施课程的基石，反映了教师对教学过程的深思熟虑和精心规划。其次，生涯课程相较于传统学科教学，更强调教学的灵活性和情境适应性。这要求教师能够根据具体的教育环境和学生的个性化差异，灵活调整教学策略，以满足不同学生的需求。再者，生涯教育课程强调学生的主体性，重视学生在课程中的互动和参与。这意味着学生应通过合作式、对话式学习，体验到更多的主动探索和深入讨论的机会。为了丰富学生的学习体验，评价标准还应特别关注以下几个方面：一是学习资源的有效整合，教师需确保所提供的学习资源能够全面支持学生的生涯探索，包括多样化的资料和信息，以适应不同学习风格和需求。二是对学习工具的高效运用，配备易于操作且功能明确的学习工具，以促进学生在生涯教育中的探索和实践，同时帮助学生组织知识、管理学习进度。三是适时提供学习支架。教师应设计并提供个性化的学习支架，帮助学生克服学习过程中的难点，促进其深入理解和应用生涯教育的概念。最后，生涯教育课程的高体验度和高自由度意味着学生的认知、想法和表现可能与预设存在差异。在这种情况下，评价应考查教师是否能根据学生的真实反应灵活调整教学计划和策略。这不仅考验教师对课程内容的深入理解，也要求教师深刻洞察小学生的年龄特点、认知规律和生活习惯，以便更好地预判和适应教学情境。教师的课程实施应留有适当的空间，允许不断调整和优化课程目标、内容、资源和评价设计，同时精细管理实施过程中涉及的人、财、物、时空、信息资源，确保教学活动的高效和适应性。

5. 课程评价

在课程方案中，对课程评价的评价标准旨在确保评价活动与教育目标紧密结合。评价标准的设计重点关注以下几个方面：首先，教、学、评一致性。评价任务必须与课程目标、内容、实施方式等紧密结合，确保每项评价活动都能反映和服务于各学段、各课程的具体目标，从而推动学生朝着既定的生涯教育目标前进。其次，评价的教育性功能。评价不仅是对学生学习成果的检测，更是一种教育工具，通过真实性和过程性的评价方法，激发学生的自我反思和持续学习。评价应明确能够引导学生在具体情境中展现其认知、情感和态度，以及任务完成情况。为了全面收集学生的学习信息，设计包括学习单、问卷在内的多种评价工具。这些工具旨在帮助教师和学生更准确地把握学习过程和成效，同时确保评价的可操作性和易于在教学中实施。再者，多元评价方式的应用。评价过程综合采用学生自我评价、组内评价、教师评价以及第三方评价等多种形式，以确保评价的全面性和客观性。这种多元化的评价方法有助于从不同角度收集学生的学习表现，促进学生的自我认知和同伴间的相互学习。最后，课程评价不是学习结束时的一次性活动，而是贯穿于整个学习过程。这种嵌入式的评价有助于持续监控学习进度，及时调整教学策略，以满足学生的个性化学习需求。

6. 课程一致性

在校本课程方案的设计过程中，由于各种主客观因素的影响，很容易产生与既定目标不符的情况。因此，需要时刻关注课程一致性，评价课程一致性的核心在于审视课程方案的各个方面是否围绕课程目标形成了有机的整体，这包括对目标关联性的评价，确保课程目标、课堂目标、任务目标、评价目标是一致的，并与学校教育理念和学生的实际需求紧密关联，为课程内容和课程实施提供明确指导；对内容一致性的评价，即课程内容是否围绕目标体系设计，同时内容之间具有逻辑递进关系；对课程实施连贯性的评价，即考查教学活动是否遵循课程设计的意图，以及教师的教学策略、学生的学习活动和对教学资源的利用是否有效地体现了课程的目标；对评价匹配度的评价，即评估所采用的评价方法和工具是否能够精准地测量学生对课程目标的达成情况，同时反馈的信息是否有助于学生学习和教学改进。

课程评价标准如表 5.1 所示。

表 5.1　课程评价标准

<table>
<tr><th rowspan="2">评价维度</th><th rowspan="2">具体要求</th><th colspan="4">分　值</th></tr>
<tr><th>完全符合
（6 分）</th><th>基本符合
（4 分）</th><th>不太符合
（2 分）</th><th>完全不符合
（0 分）</th></tr>
<tr><td>课程背景</td><td>1.1　结合社会发展需求、教育政策以及学校办学理念，明确新时代育人目标，分析学生在生涯发展中的需求和可能面临的问题，并描述生涯课程的发展需求和要解决的问题。
1.2　综合分析校内外可用资源状况，校内资源如教学场地与设备、教师的专长与特长、现有课程资源的整合与利用。校外资源如社区的地理优势与特色资源、家长及其他利益相关者可提供的资源等。明确学校开发生涯课程的可行性。
1.3　利用问卷调查、访谈等手段，收集并分析学生、家长和其他利益相关方对课程的需求与期望。
1.4　充分调研和分析学情。
1.5　对上述信息进行整合与阐述。</td><td colspan="4">6 分：全面结合社会发展需求、教育政策以及学校办学理念、现状、资源等，清晰阐述新时代育人目标，深入分析学生身心发展特点、生涯发展需求和可能遇到的问题，有效整合信息，明确生涯课程的必要性，并制定相应的解决策略，信息收集和资源分析翔实，可行性论证充分。
4 分：较好地结合相关需求和理念，较为清晰地阐述育人目标和分析生涯发展需求，生涯课程的必要性阐述明确，信息收集和资源分析较为全面，可行性论证合理。
2 分：基本结合相关需求和理念，育人目标和生涯发展需求分析不够深入，生涯课程必要性表现一般，信息收集和资源分析相对表面，可行性论证较为初步。
0 分：未能结合相关需求和理念，育人目标和生涯发展需求分析存在缺失，生涯课程必要性不明确，信息收集、资源分析和可行性论证缺失。</td></tr>
<tr><td>课程目标</td><td>2.1　课程目标能够明确指出学生需要达成的生涯目标。
2.2　使用 SMART 法则来分析和设定课程目标，撰写规范，目标清晰、可操作、可测量，能体现促成目标达成的过程与方法并指向主要结果。
2.3　课程目标之间呈现逻辑性，符合不同身心发展阶段和能力发展需求学生的学习期望。
2.4　课程目标能够随着课程的开展不断进行动态调整，以适应学生的发展需求的变化。</td><td colspan="4">6 分：课程目标清晰界定了学生应达成的生涯发展目标，SMART 法则应用得当，目标具有高度的可操作性和可测量性，逻辑性强，能够动态调整以适应学生发展。
4 分：课程目标较为清晰，SMART 法则应用较好，目标可操作性和可测量性较好，逻辑性较强，能够进行一定程度的动态调整。
2 分：课程目标基本表达学生生涯目标，SMART 法则应用一般，目标可操作性和可测量性一般，逻辑性较弱，动态调整能力有限。
0 分：课程目标表述含糊不清，未应用 SMART 法则，目标难以操作和测量，缺乏逻辑性，无法进行动态调整。</td></tr>
</table>

续　表

评价维度	具体要求	分值			
		完全符合（6分）	基本符合（4分）	不太符合（2分）	完全不符合（0分）
课程内容	3.1　课程内容的安排围绕实现课程目标进行。 3.2　课程内容的选择考虑到不同年龄段学生的能力发展特征、兴趣和需求。 3.3　课程内容以学习逻辑进行组织，能体现学生的学习过程。 3.4　课程内容及配置资源是对校内外特色资源（如教师资源、家长资源、社区资源）的合理挖掘和整合利用。 3.5　课程内容及其配置资源顺应时代变迁，不断更新以适应不同年代学生群体的特性与需求。	6分：课程内容紧密围绕目标进行组织，精心选择以符合学生发展特征，学习逻辑清晰，资源挖掘和整合利用得当，内容丰富有趣、适切性强、时代感鲜明，与学生生活紧密联系。 4分：课程内容较好地围绕目标进行组织，基本符合学生发展特征，学习逻辑较为清晰，资源挖掘和整合利用较为得当，内容较为丰富有趣、适切性较好，具有一定的时代感和地区特色。 2分：课程内容一般性地围绕目标组织，部分符合学生发展特征，学习逻辑一般，资源挖掘和整合利用处于初步阶段，内容较为单一，适切性一般，时代感和地区特色不明显。 0分：课程内容与目标关联性差，未能符合学生发展特征，缺乏学习逻辑，资源挖掘和整合利用不足，内容单一且枯燥，缺乏适切性、时代感和地区特色。			
课程实施	4.1　包含教学形式、教学地点、任务内容、课时安排、教研团队等主要信息。 4.2　课程实施中考虑具体的教育情境和学生差异性。 4.3　课程实施中采用合作式、对话式学习方式，以学生为主体，调动学生积极性。 4.4　提供全面且多样化的学习资源，以确保学生能够广泛接触与生涯教育相关的知识和信息。 4.5　配备高效且易于操作的学习工具，这些工具应具备明确的指导功能并能提供反馈，以增强学生的学习体验。 4.6　设计适当的学习支架，并根据学生的不同能力和学习阶段进行个性化调整。 4.7　在课程实施中，不断调整优化关于课程目标、内容、资源和评价的设计。 4.8　在课程实施中，能够整合人力、财力、物力、时空、信息等资源。	6分：教学设计全面且具有创新性，教学策略能够灵活适应不同情况，学生主体性强，学习资源丰富多样，学习工具高效易用，学习支架个性化，教学计划适时调整。 4分：教学设计较为全面，教学策略较为灵活，学生主体性较好，学习资源较为丰富，学习工具较为易用，学习支架有一定个性化，教学计划调整能力一般。 2分：教学设计基本合理，教学策略不够灵活，学生主体性一般，学习资源单一，学习工具操作性一般，学习支架缺乏个性化，教学计划调整能力有限。 0分：教学设计不合理，教学策略僵化，学生主体性缺失，学习资源匮乏，学习工具不适用，没有提供个性化的学习支架，教学计划无法调整。			

续 表

评价维度	具 体 要 求	分 值			
		完全符合（6分）	基本符合（4分）	不太符合（2分）	完全不符合（0分）
课程评价	5.1 课程评价与各学段课程目标相匹配。 5.2 评价应发挥其教育功能，以表现性、过程性评价为主要形式。 5.3 设计相应的评价工具，如学习单、问卷等。 5.4 综合采用学生自我评价、组内评价、教师评价、第三方评价等多种方式评价学习成效。 5.5 课程评价应贯穿于学习全过程。	6分：课程评价与课程目标高度一致，评价方法真实、过程性强，评价工具多样且实用，评价方式多元化，评价贯穿学习全过程，反馈及时有效。 4分：课程评价与课程目标较为一致，评价方法较为真实、过程性较好，评价工具较为多样，评价方式较为多元化，评价较好地融入学习过程。 2分：课程评价与课程目标基本一致，评价方法一般，评价工具单一，评价方式较为单一，评价部分融入学习过程，反馈不够及时。 0分：课程评价与课程目标不一致，缺乏真实性和过程性，没有使用评价工具，评价方式单一，评价未融入学习过程，反馈无效。			
课程一致性	6.1 课程方案各个要素齐全。 6.2 课程方案的目标、内容、实施与评价具有内在一致性。	6分：课程方案各要素高度一致，目标、内容、实施与评价有机整合，与教育理念和学生需求紧密结合，为教学提供明确指导。 4分：课程方案要素较为一致，目标、内容、实施与评价较好整合，与教育理念和学生需求较为一致，为教学提供较好指导。 2分：课程方案要素基本一致，目标、内容、实施与评价整合一般，与教育理念和学生需求有一定偏差，教学指导作用有限。 0分：课程方案要素不一致，目标、内容、实施与评价缺乏整合，与教育理念和学生需求严重偏离，教学指导作用缺失。			

课程实施过程与成效评估

课程实施过程复盘

学校通过每学期末的课程复盘会来评估课程实施的效果，为课程改进提供参考。在这个过程中，教师不仅是课程的设计者和实施者，他们的教学与学生的学习过程中也包含了许多难以量化但极具价值的动态信息，如学生的情感反应和教师的即兴教学决策等。这些信息对于课程的改进，尤其是对于新设立的课程，尤为重要。

课程复盘会旨在全面审视教学活动，包括教学设计、实施过程和学习成果等。教师们在会上分享自己的教学设计、教学过程、发现的问题、现场决策与应对、成效以及个人的反思等。通过同伴间的交流，他们探讨如何更好地满足学生的学习需求，识别课程的不足之处，并发现各自的教学优势和成长空间，从而促进专业发展。此外，课程复盘会还会邀请课程专家参与，他们提供新的视角和专业反馈，帮助教师深入理解教学设计与实施的复杂性，促进对教学理论的深入理解和应用，推动课程的改进与发展。

（一）教师视角：执教过程的反思与成长

课程设计是基于教学目标和内容，以及对学生学习情况和需求的深入理解，所进行的理想化推演。在将这些课程设计转化为具体的教学实践时，教师需要运用他们的教学敏感性、专业能力和智慧来应对预期之外的挑战，如对学情的不准确把握。这种教学实践与反思对于提高教学效果、建设优质课程以及促进教师个人的专业成长都极为重要。

我们期望通过课程建设的深入，培养反思型教师，使他们养成反思的习惯和能力。这意味着教师需要在教学反思的支持下，对已经发生或正在发生的教育、教学活动及其背后的理论和假设进行积极、持续、周密、深入的思考。在这一过程中，教师应能够识别、清晰表述遇到的教育、教学问题，并积极探索多种方法来解决问题①。

对课程资源及相关教学设计的评估与调适。低龄儿童对色彩丰富、插图生动的绘本拥有天然的兴趣。然而，如何根据学生的年龄特点和生活经历进行选材，并设计教学活动，需要细致考虑。以《大卫不可以》为例，这本绘本以其生动的插图和简洁的语言，成功吸引了一年级学生的注意力，并有效呈现了校园生活的基本行为规范，实现了课程内容与学生生活经历的紧密结合。在教学设计中，教师采用模仿绘本中大人说“不可以”的互动方式，与学生探讨小学校园行为规范，这一方式成功吸引了学生的兴趣和参与度。

尽管绘本本身具有吸引力，但要让教学活动既精彩又深入人心，仍有一定难度。例如，《和甘伯伯一起去游河》这本绘本虽然故事性强，人物角色丰富多彩，适合开展角色扮演和分角色朗读活动，但在实际授课过程中，由于绘本中人物角色语言重复，学生可能会感到枯燥，失去耐心。对此，有老师感叹：“绘本本身对小朋友具有吸引力，但想要上得精彩、上进小朋友心里，还是有一定难度的……”这凸显了课程开发中需要细致考虑的平衡点：既要利用课程资源本身吸引学生，也要通过精心的教学设计来

① 申继亮，刘加霞.论教师的教学反思[J].华东师范大学学报(教育科学版)，2004，22(3)：44－49.

保持他们的参与和兴趣。同时，教师之间的交流和经验分享对于发现和解决教学中的问题至关重要，这有助于我们不断优化教学设计，满足学生的个性化学习需求，并提升整体的学习体验。

对教学活动设计的评估与调适。教学活动是在深入分析教学目标和学情后搭建的学习桥梁。这些活动的适宜性和受欢迎程度在很大程度上决定了一堂课的质量。因此，对教学活动设计的评估与调适成为教学复盘的重点。以本校五年级开设的“×××时代，来了！”生涯课程为例，这些课程包含了问卷调查、访谈等非传统教学活动和任务形式，这对经验不足的教师来说是一个挑战。

例如，在“美丽志愿者时代，来了！”这门课程中，设计了一个采访身边志愿者的环节。由于学生在三年级道德与法治课程中对设计与实施采访环节有了一定了解，因此，这一活动最初只是作为课后作业，由学生自行完成。然而，在课程复盘中，教师发现这一环节遇到了阻碍，学生的完成情况并不理想。通过与学生的沟通，教师发现学生不太清楚如何提问和如何顺利进行访谈。

因此，教师将如何准备和实施访谈作为一次课的内容，通过示范视频、小组讨论和小组指导等方式，指导学生进行访谈前的准备，如搜集相关信息和准备访谈提纲。在第二次执教时，这一“阻碍”完全消失。在教学反思中，教师充分复盘了教学活动的每个环节，包括学生的参与和表现，以不断优化教学方法。

对课程内容难度的把控与调适。对课程内容难度的把控与调适，始终是生涯课程开发、设计与实施中的难点与重点。生涯课程是综合性的，涵盖学生的认知发展、身心成长和生活经验等多个方面。每个年级的课程都需要贴合学生的特点，并设计符合其最近发展区的教学活动与内容。

在第一年面向三年级学生开设“生涯主题成长，我能行”模块课程时，教研团队在相互听课和教学研讨中发现，学生普遍缺乏分组讨论和小组合作完成任务的经验。为此，教研团队迅速优化了教学设计，提供了清晰的小组学习单来辅助学习。同时，在设计一、二年级的课程时，也充分考虑了这一点，以实现逐步进阶。

在五年级“×××时代，来了！”课程的开发阶段，老师们对于项目式学习成果的形式提出了两种设想：研究报告和演讲。一部分老师建议将课程成果设定为研究报告形式，而另一部分老师则认为研究报告对小学生来说难度过高，建议调整为演讲。前一部分老师则认为演讲对大部分学生的文字表达和语言表达能力提出了过高的挑战。在意见相持不下的情况下，各小组自行选择了成果形式。实践发现，选择研究报告的小组虽然已经充分考虑了任务难度，并提供了示例报告供学生学习，但难度仍然过高。相比之下，演讲形式更为适宜，且在此过程中，老师们发现了许多潜在的“演讲者”。

（二）课程专家视角：教学实施的督导与助力

在课程复盘会上，课程专家的督导对于帮助教师进行教学反思和指导课程优化至关重要，也能显著提升学校课程建设的质量。

督导课程设计与实施更加符合各类教与学活动要求。对于刚开始学习和探索项目式学习的教师来说，这一点尤为重要。

项目式学习对教师的教学方式提出了重大挑战。教师需要从传统的讲授和练习知识点，转变为更多地激发、启发和支持学生的学习。他们需要调整过去的教学模式，即先教学然后给学生挑战，通常缺少真实问题情境的“习题”学习方式，改为先提出挑战或难题，然后带领学生分析问题，讨论他们“需要知道什么”来迎接挑战①，并形成问题链、任务链等方式进行学习；教师还需要调整过去教会学生做出正确答案的基础逻辑，以更加开放和积极的心态接纳学生在项目过程中可能出现的“错误”“失败”“没

① 仑兹，威尔士，金斯敦.变革学校：项目式学习、表现性评价和共同核心标准[M].周文叶，盛慧晓，译.长沙：湖南教育出版社，2020：80－81.

有完成”“没做出来”“偏离既定方向”等有益性失败[1]，并支持学生学会评估、判断和调整。这些大大小小的挑战，从项目设计到课堂对话，都是专家督导的重点。

督导课程设计与实施“更优”。教师的教学设计与实施是不断完善和优化的过程，因此督导的重点工作之一就是协助和指导教师如何利用课堂观察和课后反思来不断优化教学。我们采用“关键事件法”来进行复盘督导。这种方法通常关注四个要素：一是背景，即事件发生的情境；二是目标，即为什么要做这件事；三是行动，即具体采取了什么行动；四是结果，即这些行动产生了什么样的结果[2]。以“国潮时代，来了！”为例，学生首次完整地经历了信息搜集、资料分析、撰写演讲稿、完成演讲等一系列的过程。教师在第一次实施过程中发现，学生对于每个步骤应该达到怎样的程度缺乏基本判断，容易感到迷茫，每个环节都容易出现“宕机”的情况。

专家通过与设计团队和执教团队运用“关键事件法”进行复盘，发现学生喜欢向老师寻求确认（“老师，这样是不是可以了？”）和建议（“老师，您觉得我们还可以怎么改一下”）等，也乐于向同伴小组“打探”信息，进行相互学习。因此，专家团队与课程团队考虑在该课程中引入两次循环结构[3]，并采用“展示＋相互学习”的方式进行，即在搜集信息后和列好演讲提纲、撰写好演讲稿之后各进行一次，由教师与学生共同探讨评估条件。实践证明，这种设置对于五年级学生完成项目非常有效，极大地激发了学生的积极性和创造力。

---

① 高恩静，卡雷恩，卡普尔.真实问题解决和 21 世纪学习[M].杨向东，许瑜函，鲍孟颖，译.长沙：湖南教育出版社，2020：6，217－270.

② 李磊.为教师成长护航：校本研修课程评价体系的建构与实施[J].中小学管理，2023(9)：28－31.

③ 循环结构，即在课程流程设置中，一个条件判断条件和一个向回转向条件的组合，简言之，在某一个节点设定评估，如不符合某些条件，则回到之前的某一环节执行相关任务。

课程实施成效评价

学生是课程的直接受益者和价值主体，因此课程给学生带来了什么，以及它引发了哪些影响，成为评判课程实施成效的重要方面。政立路小学对生涯课程实施成效的评价主要从三个关键视角出发：教师视角的评估、学生的个人体验反馈以及家长的观察反馈。这些视角帮助我们深入探讨生涯教育课程在学生发展中的作用和影响。

在教师的视角中，教师们依据他们在课程实施过程中的直接观察以及学生提交的任务成果来进行评估。学生视角和家长视角的评价则通过课后的深入访谈来收集和整理的。通过这三个视角收集的评价证据，我们期望获得一个全面而立体的课程评价，以确保课程能够有效促进学生的发展。

（一）教师视角：学生学习成效的评估

教师是课程的设计者和实施者，对课程的育人目标、内容、实施方式等有着全面的理解，可凭借自身的专业知识和课堂管理经验，对学生的学习过程、教学方法的有效性以及课程目标的达成度进行深入的反思和评价。

对特定领域的认知与理解的提升。生涯课程与学生的日常生活紧密相连。学生在日常生活中不可避免地接触到各种职业，并形成初步的理解。然而，在信息泛滥的今天，学生对职业的认知往往停留在表面，有时甚至带有偏见。以“主播时代，来了！”课程为例，学生最初对主播的印象多是受流行带货短视频和常见“话术”的影响，认为主播仅仅是在直播间大声叫卖商品的电商主播。经过两学期的学习和探索，学生们的认识得到了显著拓展，他们开始理解主播职业的多样性和复杂性：

> 学生们通过课程了解到，主播行业远不止于他们最初所想的那样，它实际涵盖了旅游、美食、电商、知识、游戏、影视等多个领域，每

个领域下还有进一步的细分。例如，美食主播可分为吃播、探店、教程等多种类型。这一过程让学生更深刻地理解了主播职业的多样性和复杂性。同时，学生们通过深入探究认识到，时代变迁如何深刻影响主播的工作内容、方式和职业素养。他们了解到，日常所见的短视频是主播团队协作的成果，每个成员都以其独特才能为作品创作贡献力量。技术的进步，如 AI 配音和字幕识别工具，不仅提高了主播的工作效率，也增强了视频的趣味性。

在新时代背景下，主播的角色成为文化传播的重要渠道，许多主播因此向知识型主播转型，行业对主播的知识素养提出了更高要求……学生们不仅对主播职业有了全面的认识，还感受到了行业随着技术革新和文化需求而不断演进的趋势。他们将这些认识用富有设计感的手抄报的形式呈现出来，展示了他们对这一行业的深刻理解(见图 5.1)：

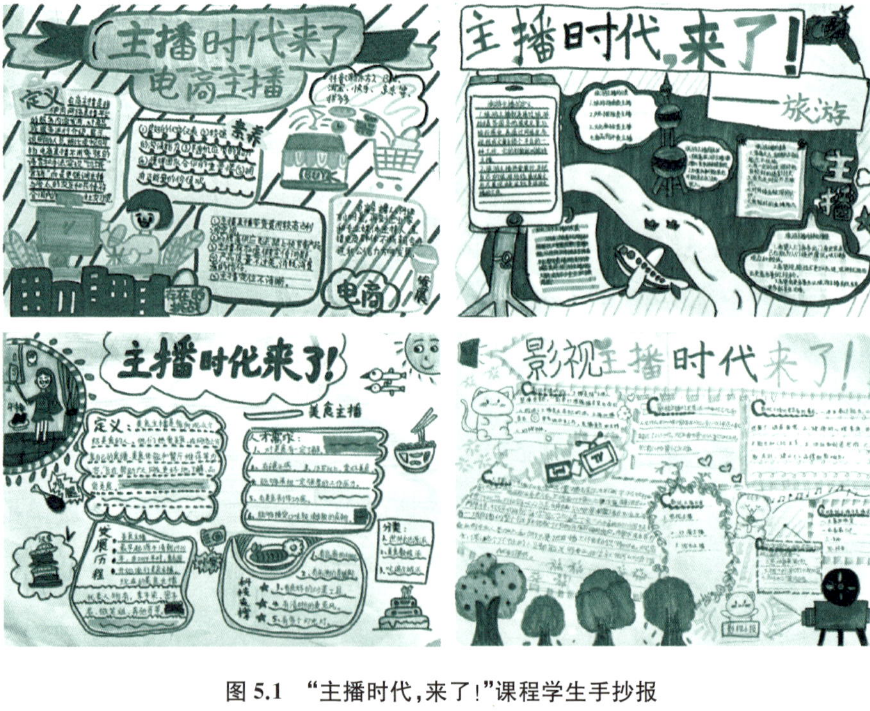

图 5.1 “主播时代，来了！”课程学生手抄报

对指向当下和未来的技能素养提升。生涯课程承担着培养学生适应当下与未来生活技能的重要任务。这些技能不仅包括日常学习中积累的通用技能，还涵盖了在职业体验中获得的特殊技能：

在“志愿者时代，来了！”课程中，学生们通过对志愿者的实际访谈，学习了如何策划并实施一次采访活动。在这个过程中，他们需要明确并联系访谈对象、制作访谈提纲。在访谈过程中，学生们练习了耐心倾听和妥善记录的技巧。访谈结束后，他们还需要整理分析资料并得出结论，这锻炼了他们的沟通能力与资料分析能力。

“我们这五年”课程激发了学生的创意思维和审美能力。在制作个人生活和学习历程的视频过程中，学生们在音乐选择、文字表现、视频编辑上展现了独特的创意。他们在视频特效、字体设计、颜色搭配上不断探索和精进，提升了自身对“美”的理解与追求。

在“共享时代，来了！”课程中，学生们深入探讨了共享经济背后的环保和可持续发展理念，并认识到了共享产业在实际运营中所面临的挑战。通过对常见共享产品进行资料收集和对比分析，学生们了解了共享产品的利弊与挑战。这一过程有效地培养了他们发现问题和解决问题的能力。

“我是立立小主播”课程继“主播时代，来了！”课程之后，为学生提供了一次完整的职业体验。学生们通过团队合作，共同完成了国潮文创产品推广的直播视频录制。在这个过程中，学生们分工明确，从文案设计、撰写到直播录制都有专人负责。直播过程中，主播和助播之间配合默契，有动作和眼神交流，互帮互助。为了吸引观众，学生们还巧妙地设计了创意动作和撒红包环节……课程结束后，学生们在团队协作、表达和创新方面的能力均有显著提升。值得一提的是，很多学生是第一次面对摄像头，他们表现出了兴奋和自我释放，这是一次宝贵的历练。

图 5.2　学生在“我是立立小主播”课程中体验担任主播

对生涯课程的兴趣和课堂参与度提升。学生对不同课程的青睐程度和相关主题的了解程度各不相同。有些课程受到热烈欢迎，而有些课程则多由被调剂的学生组成，如“零碳生活时代，来了！”在课程初期，学生们对这一主题感到陌生，兴趣不高，主动性和参与度相对较低。随着课程的深入，学生对零碳生活的认识逐渐增加，兴趣也随之提升。然而，到第一学期课程结束时，仅有两组学生能在课堂上积极参与，甚至有一个小组未能提交课程作品。

进入第二学期后，学生们通过碳足迹计算器发现，低碳与自己的日常生活息息相关。他们意识到，自己的日常衣食住行选择可以在不同程度上减少碳排放。通过小组成员在日常生活中记录碳排放值，并自发进行小组 PK 时，学生们的兴趣一下子被调动起来。最终，所有六个小组都认真参与项目，之前未能提交作品的小组也认真完成了《小学生“零碳”生活指南》，并展现出独特的创意和设计思路。

> 学生们开始主动探索日常生活中减少碳排放的方法，他们的思考展现出一定的创新性和可行性。例如，在探讨“食”的主题时，学生

们意识到外卖包装对环境的影响，并提出了使用可回收材料的解决方案；在“衣”的主题下，学生们认识到不同材质衣物对环境的不同影响，并提倡减少消费对环境有害的化纤合成衣物……在此过程中，小组中的团队协作得到了加强，每个成员都承担了具体任务，如排版、文案和绘画，合作氛围浓厚，参与度显著提高。

在日常学习与生活中践行。生涯课程不仅重视对学生知识技能的培养，还致力于影响学生的日常生活和价值观：

在“主播时代，来了！”课程中，学生们学会了批判性地看待网络短视频内容，意识到带货短视频可能存在虚假宣传，需要对信息进行甄别。“志愿者时代，来了！”课程让学生认识到，志愿者精神就在身边，主动帮助他人即实践。课程结束后，有学生开始在社区中自发参与清洁工作，主动捡拾垃圾，并动员邻里共同维护环境整洁。“零碳生活时代，来了！”课程进一步增强了学生对环保的认识，并激励他们采取行动。有学生在家庭购车时向父母提出建议，推荐新能源汽车以支持零碳生活。在编制零碳生活指南手册的过程中，学生们从小学生的视角出发，真切地思考如何在校园、家庭和旅行中减少碳排放，甚至具体到关注日常生活中的饮食选择……这些积极的行动也得到了家长们的认同。例如，一些居住在学校附近的学生，在家长的支持下选择步行上学，共同践行低碳生活。

对未来职业生涯的思考与感悟。在生涯课程的引导下，小学生也开始尝试对未来进行思考。以“零碳生活时代，来了！”为例，许多男生最初是出于对新能源汽车的兴趣选择了这门课程。在教师的引导和课程的深入学习中，他们不仅扩展了现有知识，还进一步探索了新能源车的发展历史和行业专业需求。在课堂分享环节，学生们积极发言，有学生详细介绍了新能源汽车行业所需的多样化人才类型，并探讨了未来可能从事这一行业所需的大学专业。这种交流不仅开阔了学生们的知识视野，也激发了他们对未来职业生涯的无限遐想。教师们反映“学生们听得津津有味，表现出很期待的神情……”生涯课程为他们打开了通往个人未来职业生涯的大门。通过这样的学习经历，学生们得以一窥职业生涯的多样性，理解个人兴趣与未来职业选择之间的联系，从而在他们心中播下职业规划的种子。

（二）学生视角：学习体验与个人成长

学生在评价课程时，可以从直接受益者的角度出发，分享课程带来的知识增长、技能提升和情感态度的积极变化。

对认知与思维的提升。在儿童成长的早期阶段，他们对世界的每一次新发现都具有形成性意义。对于年幼的学生而言，简单地“知道了某件事”不仅是知识的积累，更是一种认知上的觉醒。这种觉醒在成年人眼中可能微不足道，但在儿童的思维和行为发展中却具有深远的意义。以政立路小学一年级综合实践活动“书包‘减肥’记”为例，N同学在课程结束后分享了她的收获：

> 以前当我比较物体重量时，我只想到这个重或那个重，或者就是一样重。上完小书包课程后，我知道了原来还有第四种答案，“不确定”，这个答案非常奇妙！

这种认知上的改变不仅加深了她对重量概念的理解，还启发了她将这一概念应用到日常生活中。例如，和奶奶去菜场买虾时，她意识到如果使用较厚的袋子装虾，并且袋子里装了过多的水，这会导致虾的最终价格异常昂贵。因此，她建议奶奶在购买时应该避免使用厚重的袋子，并且在称重前将袋中水分排尽。

同样，在二年级的情绪管理主题课上，X同学通过完成情绪流沙瓶、开心九宫格和收获苹果树等任务，学会了通过自己的画作表达情绪：

> 我向父母展示了我的开心九宫格，告诉他们和小朋友们一起玩

耍、和爸爸妈妈一起旅游都能让我感到快乐。通过情绪课的学习，我不仅了解了情绪的多样性，还学会了如何表达和管理自己的情绪。

在生涯课程的引导下，许多高年段学生开始探索他们感兴趣的新领域。例如，四年级的H同学在上完《智能头盔用户研究》后，对这项技术产生了浓厚的兴趣。他说："这次课程让我第一次接触到智能头盔这项神奇的发明，它的强大功能和我们对它的无限想象，让我对智能设备充满了好奇……感觉打开了新世界的大门。"课程结束后，他通过查阅相关资料，了解到VR头盔的虚拟世界和沉浸式体验功能，进一步激发了他对人工智能领域的兴趣。

养成良好习惯、改善生活品质。学校的生涯系列课程在设计时特别注重与小学生的日常生活紧密结合，让孩子们能够轻松地将所学知识应用于现实生活。在这个过程中，孩子们真切地体验到了通过自己动手和创意来改善生活的乐趣。

以备受欢迎的三年级课程"小小烘焙师"为例，三年级的C同学通过课程学习，掌握了烘焙的科学流程：在课前，C同学明确了自己想要制作的食品——麦芬蛋糕和曲奇饼干，并运用网络搜索技能查找所需的食材和操作步骤。C同学表示："这一过程不仅让我实践了信息课上的技能，还通过实际操作获得了宝贵的经验。"课程结束后，C同学发现自己对手工烘焙产生了浓厚的兴趣，并将其融入家庭生活，与家人一起制作了面包、馒头、南瓜饼、八宝饭和烧卖等各种面点。C同学还通过互联网不断探索和改进烘焙技艺，优化食材配方，帮助家人制作出更美味的成品。

谈到"宝藏零食课"，小朋友们首先想到的总是课堂上既有趣又美味的试吃环节，但他们对课程的反馈显示，他们的记忆远不止于课堂上的感官享受，而且已经转化为一种更健康的生活方式。例如，三年级的X同学通过课程学会了解读零食的配料表，意识到成分列表中越靠前的物质含量越高，从而开始选择低脂低糖的健康零食。N同学则更进一步，了解到通过配料表不仅能获取零食的成分，还可以获取其原产地和储存方式等重要信息。他们都表示，自己在日常生活中将更加明智地选择零食，再也不会乱吃零食了。他们不仅改变了自己的饮食习惯，还开始有意识地影响身边人的行为决策。例如，在超市购物时，他们向父母提供建议，依据所学知识指导他们如何选择更健康的零食，并讲授回家后的储存方法。更有学生在家中制作糕点时提醒家长减少糖分，以制作更健康的食品……这正是生涯课程的魅力所在，通过提供深刻的理解和知识，让学生从“知道做什么”到“明白为什么”，从而能够自主地做出更好的生活决策。

除了日常生活中的基本技能，学生们通过生涯课还获得了许多创造美好生活的实用技能。五年级的S同学便是一个生动的例子。回顾她在三年级时参与的“电子邀请函制作”课程，S同学学会了使用专业软件进行电子邀请函的设计，包括创作、编辑、美化。在她十岁生日之际，S同学运用所学技能，精心制作了一份电子邀请函，邀请她的好朋友们参加生日派对。这份邀请函不仅为生日会增添了仪式感，更让她的庆祝活动显得别具一格。S同学的创意和技能并未止步于此。在学校校庆三十周年之际，她接到了一个颇具挑战性的任务——为学校的三位历任校长制作电子邀请函。凭借在生涯课程中培养的自信心和能力，S同学不仅顺利完成了任务，还以出色的成果赢得了老师的赞许。这些经历不仅展示了S同学在技能掌握上的成长，更彰显了生涯教育课程在培养学生创造力和实践能力方面的成效。

对通用素养的培养。在生涯课程的学习中，高年级学生们不仅在认知和技能上得到提升，更在潜移默化中培养了对未来人生至关重要的内在素养，这些素养甚至被应用到了学校的日常管理工作中。

以四年级的H同学为例，他在参与人工智能系列课程的过程中，不仅吸收了丰富的知识，更在个人能力上获得了显著成长。H同学发现自己在研究事物、提出和分析问题以及组织调查方面的能力有了显著提升。作为小组长，他在与组员共同探讨智能头盔改进方案的过程中，沟通交流和团队协作能力得到了加强。他巧妙地将这些能力应用到了课代表的角色中，将原本硬性的监督和命令转变为更有效的沟通和引导，激发了同学们的主动性和自觉性……H同学在小组讨论中深刻认识到“对于同一件事，从不同的角度去思考会得出不同的结论”，这种批判性思维的能力，对于一名小学生而言，标志着他开始理解并实践更为成熟的社会互动和问题解决策略。

同样，五年级的S同学也在生涯课程中取得了显著的成长。作为班干部，她深受家庭教育理念的影响，坚信职位越高、责任越大，应当勇于面对挑战。在生涯课程的学习中，S同学总是认真完成课后任务，尤其是在网络信息搜集和整理方面表现出了卓越的能力。在课程活动中，S同学多次担任小组长，带领团队完成了各项任务。在每学期末的项目展示中，她不仅参与PPT的制作，还积极承担汇报交流和上台演讲的责任，这些经历极大地锻炼了她的领导力和演讲技巧。

孕育纯真可爱、充满生命力的梦想。每位学生都以自己的节奏探索未来。即使是年纪最小的孩子们，尽管他们的想法可能还不太清晰，但已经用他们天真烂漫的话语描绘出心中美好的愿景。

一年级的N同学在校园里看到生涯课程的海报，梦想着将来成为一名设计师，为心爱的卡通角色设计裙子，并充满创意地想象为每位老师设计反映她们学科特色的服装：“我想给金老师做漂亮的教师套装，班主任有班主任服装，袁老师有数字衣服，左老师有26个字母裙，高老师的衣服上有我们美术课上画的画，和老师要穿古风的裙子……”

二年级的X同学在情绪管理课程中发现了自己对绘画创作的热爱，她希望继续画下去，“用我的画给别人带去快乐和幸福……”

三年级的Z同学和N同学，在烘焙课和宝藏零食课的启发下，立志成为烘焙师和美食家，“我不仅要品尝许多美味的食物，还要注重健康和营养”。

随着年级的升高，孩子们的思考变得更加深入和实际。例如，四年级的Q同学在人工智能课程中见识到“AI太强大了”，这激发了他对计算机科学的兴趣。

五年级的S同学通过广泛参与各类课程，积极开阔了自己的视野。她通过网络查询和学习，不断吸收新知识。S同学分享说：“爸爸告诉我，未来的人一定是多元智能的，所以我们现在要抓住大好时光，多元学习，汲取来自各方面的知识，这样才能成为一个全面发展的人。”

在四年级的课程嘉年华活动中，M同学选择了“小小气象员”课程。当被问及原因时，小M说：“上个学期，我选了绿植课，这次选择气象员，是因为它们很相近，都是和自然相关的。”

孩子们的梦想可能会随着时间和认知的变化而变化，但可以肯定的是，无论是模糊还是清晰的梦想，在很大程度上受到学校生涯课的影响。这提醒我们，作为教育者，在设计生涯课程时必须慎重考虑，因为这些生涯课程就像种在他们心中的种子。也许他们的梦想会不断变化，但一定会越发清晰、明确，引领他们走向未来的自己。

（三）家长视角：生活中的观察与反馈

家长在评价生涯教育课程时，通常会关注孩子的成长、兴趣发展、技能提升以及情感变化。同时，家长们也积极参与到孩子的学习过程中，提供了宝贵的反馈和建议。

丰富、拓展了亲子沟通。虽然家长们并未直接参与学校生涯教育课程的教学，但他们惊喜地发现自己与孩子一同走过了课程的每一步。这些课程的影响力远远超出了教室的四壁，它们悄无声息地扩展到了家庭生活中，激发了孩子们与家人更主动的交流和互动。

学校的生涯课程因其独特性和实用性而备受欢迎，而课程嘉年华活动更是充满了特色和仪式感。二年级X同学的家长参加了嘉年华后，满怀喜悦地分享：“我也参与了生涯嘉年华活动，那里有12个特色小摊和各式各样的小游戏，真是让人耳目一新。”这样的活动不仅让学生，也让家长对各种课程有了初步的认识，为家庭中的交流互动奠定了基础。在选课之初，许多孩子为了争取心仪的课程，会动员家庭成员共同参与。三年级C同学和Z同学的家长描述了孩子如何与家人沟通，分享自己对课程的兴趣和同学们的选择。五年级S同学的爸爸则提到："我们总是提前规划好首选、备选课程，孩子会要求我们及时提醒他抢课。"

课程学习中，孩子们将所学带回家，积极地在家中实践课堂知识。四年级的T同学的妈妈回忆道："她回来跟我谈到旅行策划师、收纳师和营养师这些职业，我觉得很新奇，因为这些职业都是现下比较新兴但并不主流的职业，所以这一定是在生涯课上听老师介绍的……她现在外出吃饭，点餐的时候也会提出自己对菜品营养方面的建议，这在以前是没有的，她甚至会提醒我少喝奶茶，不要喝含有'植脂末'的奶茶……"三年级Z同学与家人分享学习内容，并且和妈妈一起根据学校学到的知识进行烘焙。五年级S同学的爸爸也注意到，生涯课程为家庭晚餐增添了新话题："每周一晚饭时，我们都会聊生涯课上的所学，孩子总是积极分享她的收获。"

在生涯课程的启发下，孩子们不仅在课堂上获得了新知识，还在课后展现出了对所学领域的浓厚兴趣和探索欲望。家长们也积极响应，利用自己的资源和知识，进一步加深孩子的学习体验。例如，四年级H同学的爸爸在发现孩子对人工智能领域产生浓厚兴趣后，便主动为孩子讲解了人工智能的基本原理。孩子听得津津有味，表现出了强烈的好奇心和求知欲。这让H同学的爸爸深有感触："学校生涯课是引导孩子学习的一个非常好的引子，开阔了孩子的视野，激发了学习的热情。"

助益孩子的全面个性化发展。生涯教育课程作为一个多维度的发展平台，已经超越了传统教育的界限，成为孩子们能力提升和个性成长的催化剂。家长们的观察和体会揭示了孩子们在这些课程引导下取得的显著进步，他们不仅获得了宝贵的知识和技能，更在自我探索和个性发展上迈出了坚实的步伐。

在自我管理能力方面，二年级的X同学在情绪管理课上取得了显著的成绩。她的爸爸分享说："孩子在课上收获颇丰，对自己的兴趣、能力和自我价值有了深刻的认识，并对情绪管理、时间管理和自主决策有了更深层次的理解。"X爸爸还提到，X同学表达了对未来的积极展望，期望能够在生活中和学习上实现更好的自我管理。

在培养积极态度和韧性方面，三年级的Z同学展现出了明显的变化。他的爸爸注意到，孩子现在更愿意尝试新生事物，并在成功时感到由衷的喜悦。即使在失败时，家人的鼓励也能让他重新振作。Z同学对不同职业的兴趣随着生涯课程的深入而不断变化，他意识到每个职业都需要用心和努力，家人也借此机会教育他，无论选择哪个职业，都需要付出辛勤的劳动。

在自主学习和解决问题能力方面，三年级的C同学在家庭生活中展现出了极大的热情和能力。他的妈妈提到，C同学不仅积极参与家庭烹饪活动，还会主动提出问题，上网搜索信息，并在实践中提出改进方案。通过参加"绿色家园一起造"课程，C同学将这种自主学习和解决问题的能力应用到了种植草莓、多肉等植物上，通过精心照料和研究，他对植物的生长习性有了深入的了解。四年级的H同学在解决问题的过程中表现出了强烈的钻研精神。他的爸爸发现，以前H同学在制作乐高、Steam游戏组件时，更多地依赖大人来帮助。在参加生涯课程后，H同学从依赖他人转变为自主学习，愿意查阅说明书，并在搭建过程中研究联动结构、电路结构的工作原理。遇到难题时，他会与大人共同探讨解决方案。H同学的爸爸感慨地说："生涯课不仅传授了知识，更重要的是激发了孩子的自主学习能力，这是真正的'授人以渔'。"

助益孩子的未来发展与生涯规划。家长们在日常与孩子的交流中能够感受到，生涯教育课程正成为孩子们规划未来的重要资源和工具。尽管家长们经常与孩子探讨未来，但对于孩子们现阶段的职业选择和生涯规划，许多家长选择不过早介入。他们更倾向于通过学校的生涯教育，引导孩子树立正确的职业和生涯观念，学会做出明智的选择。

一年级T同学的妈妈认为，“生涯课程在塑造小学生的价值观方面发挥着重要作用。它教会孩子们工作不仅是为了赚钱，更是将兴趣与职业结合，实现自我价值、获得成就感的过程。这种积极的人生观和职业观念，能够帮助孩子们在未来的职业生涯中找到快乐和满足”。

生涯课程帮助孩子们认识到“选择”的重要性，这是家长们也希望孩子能够理解的。二年级的X同学的爸爸提到，“孩子在生涯课程后表示，她将慎重对待未来的选择，希望通过‘小体验’触发‘大未来’”。

T同学的妈妈也认为，“生涯课程帮助孩子们了解了不同职业，对他们的学习态度和目标的确立起到了积极作用。让他们能明白现在的成长和学习是为了今后能有更多的选择”。

家长们还珍视生涯课程为孩子开启的体验对未来人生的价值。三年级的Z同学的爸爸表示，“生涯课程让孩子们接触到不同的工作，了解工作的乐趣和辛苦，帮助他们掌握自己的喜好和特点，形成正确的自我认知，为未来选择合适的方向打下基础”。五年级的S同学的爸爸也认为，“现在为孩子确定未来的职业还为时过早，但通过参与各种课程，孩子们对新兴行业有了初步的体验。在老师的指导下，他们在小学阶段就开始了自己的职业规划之路，这是一段非常宝贵的经历”。

对本校生涯课程的建议。家长们对学校的生涯教育课程反响热烈，对课程的未来发展充满期待，并希望学校能够进一步强化和扩展生涯教育的深度与广度。他们不仅对课程给予了高度评价，还提出了一系列富有建设性的建议。

在课程时长和活动形式方面，一年级的T同学的妈妈建议：“鉴于低年级学生容易遗忘之前学习的内容，可以考虑增加生涯课程的时长，以便孩子们能够更有效地吸收和回顾知识。”二年级的X同学的爸爸则建议在课程嘉年华后，“增加各摊位的活动，以提升孩子们的体验感”。

在课程内容的丰富度方面，三年级的C同学的妈妈创造性地提出，“在课程设计前期应让孩子们参与进来，了解他们对哪些职业感兴趣”。

三年级的N同学的妈妈则提议“引入更多孩子们感兴趣但相对陌生的职业，如考古学家和地理学家，以开阔孩子们的视野”。五年级的W同学的妈妈也强调了开拓新颖独特职业的重要性，为孩子们提供更多未来的选择。

在课程内容的教学上，四年级的H同学的爸爸以人工智能系列课程为例，建议“增加体验环节和对研究对象发展演变过程的介绍，以帮助孩子形成直观深刻的认知，并激发他们的创意思维”。

在课程的可利用资源方面，一年级的T同学的妈妈认为，家长们愿意为学校提供必要的支持。五年级的S同学的爸爸则建议生涯课程应发展更强的体验性，通过挖掘家长资源、高校资源等，提升课程的专业性。

第六章

课程领导

校本课程的建设与开发是一个持续优化课程目标、内容、实施、评价等基本要素的过程。它不仅是一个教育项目，更是一个系统工程，涉及学校从办学理念到组织机构、师资队伍、资源条件等各个方面的持续变革，需要科学和民主的课程领导。

课程领导与传统的课程管理不同，它不仅依赖于自上而下的官僚体制监控和监管，学校往往在接到上级行政部门的指令之后才围绕课程开展活动和运作①，抑或学校内部由上而下的线性控制、监管的科层式管理模式，课程领导更加重视对课程以及与之相关的人、财、物方面的决策、指挥和创新，更多地考虑了管理中的人文、价值和发展动力因素②；着重引导人进行高层次的判断与自我管理，激励相关人员投入持续成长③；倡导民主、开放的管理理念，促进校本课程的发展，激发学校和教师的主动性，群策群力，通过交流和合作实现共同目标，从而最终促进整个课程体系的发展④；着重于培养教师的专业能力，提供参与课程规划的机会，推动内部的课程对话，形成关注课程发展的专业社区，确保学生学习的品质⑤。这种领导方式与校本课程的价值定位高度一致，旨在提高课程的适应性，促进学生的个性成长，提升教师的课程意识，推动教师的专业发展，实现学校

---

① 钟启泉.从“课程管理”到“课程领导”[J].全球教育展望，2002(12)：24-28.

② 陈明宏.校长课程领导的研究[D].上海：华东师范大学，2007.

③ 钟启泉.现代课程论[M].上海：上海教育出版社，2003：426.

④ 靳玉乐，赵永勤.校本课程发展背景下的课程领导：理念与策略[J].课程·教材·教法，2004(2)：8-12.

⑤ 黄显华，朱嘉颖.一个都不能少：个别差异的处理[M].上海：上海科技教育出版社，2003.

课程创新，形成学校特色①。

课程领导是一种持续变化、充满活力的互动过程②，需要组建一个和谐、合作的课程领导团队③。这个团队应基于学校的愿景，厘清课程的意义与范围，认清自己的角色，制定具体的课程目标。领导成员针对课程目标与计划、课程发展、课程实施、课程评价等方面进行周详的规划，制订合适的学习方案。同时，应在教师的课程进修、研讨、研究、咨询、评价方面给予充分的支持与引导，以发展教师的专业知能，塑造合作的学校文化，协调整合各种势力与有利资源，支持教师的教学，进而提升学生学习的成果与品质④。在实践中，我们着重从组建课程领导共同体、引领和创生课程价值、建设课程资源等三个方面展开。

① 钟启泉，崔允漷，吴刚平.普通高中新课程方案导读[M].上海：华东师范大学出版社，2003：225－226.

② Macpherson I, Brooker R. Positioning stakeholders in curriculum leadership: how can teacher educators work with teachers to discover and create their place? [J]. Asia-Pacific journal of teacher education, 2000, 28(1): 69－85.

③ 徐君.从课程管理到课程领导：课程发展的必由之路[J].课程·教材·教法，2005(6)：11－12.

④ 黄旭钧.课程领导：理论与实务[M].北京：心理出版社，2003：29.

组建课程领导共同体

学校课程领导共同体是由校长、教师、学生、家长、社区人员以及其他人员组成的集合体。在共享愿景的基础上，这个共同体通过民主决策来设计和实施优质的学校课程，提升学校课程品质，促进学生、教师与学校的整体发展[①]。为了组建课程领导共同体，需要首先成立一个课程领导组织机构，负责制定整体的学校课程规划；引领课程的设计、实施和评价；还需要组建、培养专业的课程教研团队，以充分支持其专业发展；优化相关的教学管理制度；并在这一过程中提供必要的支持和条件保障，确保共同体的有序、规范、持续、有效运行[②]，保障课程建设的有序推进。

组建课程领导团队，统领课程建设

校本课程建设是一个系统工程，涉及人力、财力、物力等多方面因素，需要学校、教师、专业人士等各方面的有效支持和共同努力。单靠某一方的力量很难为校本课程开发提供强有力的支撑[③]。对于政立路小学探索

① 钟智.构建学校课程领导共同体之研究[D].上海：华东师范大学，2006.

② 李朝辉.从管理走向领导[D].长春：东北师范大学，2006.

③ 蔡海平.组建校本课程研究共同体的实践与思考[J].教学与管理，2005(3)：35－36.

系统建构小学五年贯通的生涯教育课程而言，还需要专业力量的支持。因此，我们组建了一个由学术委员会、课程领导组织团队和课程教研团队组成的课程领导团队，并明确了各自职责，建立了相关制度，共同为学校生涯课程建设和发展贡献智慧和力量。

组建学术委员会，由课程与教学方法论领域的专家、教育评价领域的专家、小学教育专家、生涯教育课程建设的专家团队，以及市区两级的相关课程教研员、区德育主任等组成，主要负责为学校的相关课题开展、课程建设提供咨询辅导、专业培训、教研辅导、教学评价设计与指导，以及在教学与活动现场提供指导等工作。

组建课程领导组织团队，由校长直接领导，得到课程管理部、教师发展部、学生发展部、后勤保障等职能部门的全力支持。各部门部长和副部长将担任课程领导组织团队的成员。校长负责领导团队的建构、确立学校的课程愿景和目标，全面规划、设计和制定学校生涯课程的实施方案，明确学校生涯课程的目标、内容、评价要求，并为课程建设提供相应的条件和支持，引领教师的专业发展等。课程管理部全面负责课程的规划、执行、监督和评估等工作，包括学生选课、排课，以及因课时需要而进行的课程调整，同时还负责推进科研项目。教师发展部负责组织生涯课程教研团队的培训和教研活动，致力于教师专业能力提升和团队建设。学生发展部则负责将课程内容拓展到校园活动中，包括筹备、组织与实施。后勤保障部为课程和活动在校内外的顺利开展提供必要的资源支持。实践中，随着团队的逐步壮大与工作效能的提升，于2023年修订章程和制度时，增设了校长办公室，并由原课程管理部科研项目负责人转任为校长办公室副主任，全面负责课程领导的统筹安排，尤其是课程建设科研项目的推进和课程愿景与价值的传播。

组建生涯课程“种子”教研团队，负责生涯课程的开发、实施，并在团队内部开展教研、复盘等活动。在课程建设初期，教研团队主要由课程领导组织团队和青年教师组成。这些青年教师具有多元化的专业背景，涵盖小学各学科的师范类专业，以及法学、计算机、金融、化学等多个领域。他们的兴趣爱好与业余生活同样多样化，包括烘焙、配音、主持、绘本阅读、绿植养护、旅行等，这为多样化课程的开发提供了更多可能性。随着课程的持续开发与实施，越来越多的教师见证了生涯教育在学生中产生的变化，各年级组长、学科教研组长等经验丰富的中年教师也陆续加入。他们扎实的教学基本功和对小学阶段各学科核心素养的深刻理解，为课程开发、实施和教师教研提供了坚实的支撑。目前，这个团队已壮大到40余人。

制定课程建设与发展规划，明晰课程建设任务

课程建设与发展规划是学校围绕育人目标，在学年、学期、单元/课时三个层面整体建构学校课程体系的重要举措①。这涉及在学校层面上研究问题、解决问题，并促进课程的持续改善，以实现教育质量的不断提升②。学校课程计划是落实课程领导力的重要工具之一③，而课程方案的制订则是学校课程建设与规划的核心内容④。在具体实践中，我们既遵照上海市中小学年度课程计划制订的相关要求，将生涯课程纳入学校年度课程计划，也从纵向和横向课程建设的角度出发，根据每学期各课程主题、项目、活动的开展，逐步完成相关课程开发与实施。通过这一过程，逐步完善学校的生涯课程方案。

将生涯课程列入年度课程计划。课程建设之初，正值上海基础教育推进基础型、拓展型、探究型三类课程结构，学校努力确保1—5年级的学生每学期每周至少有一课时的生涯课程。

---

① 崔允漷，雷浩.优质学校课程建设的专业规范[J].人民教育，2019(13－14)：37－40.
②④ 崔允漷.学校课程规划的内涵与实践[J].校长阅刊，2007(1)：73－75.
③ 王月芬，徐淀芳.学校课程计划与课程领导力的实现——基于上海的实践探索[J].教育发展研究，2009(2)：46－51.

制订三年计划，完成纵向课程开发与横向课程探索。在纵向课程内容建设方面，我们以拓展型和探究型课程为主要载体，系统化地、分年级构建了丰富的课程内容体系。第一年，我们通过文献梳理、学校调研以及在专家的指导下，完成了五年贯通的小学生涯教育课程内涵、目标及课程框架的完整设计，并在三年级进行试点，设计并实施三年级的课程。同时，我们进行了课程效果评估和优化以及课程资源建设，形成了三年级生涯教育的优秀案例。在接下来的第二年和第三年，分别推广至二、四年级和一、五年级，形成了有机衔接、螺旋上升的五年贯通的生涯课程体系，并同步进行了课程效果评估优化和课程资源建设，形成1—5各年级生涯教育优秀案例。在横向课程内容建设方面，我们不仅注重传统的课堂教学，还强调生涯课程与校园活动的紧密结合。为了满足课程需求和丰富校园活动的内涵，我们将课程内容拓展至课程嘉年华、十岁生日活动、毕业季活动等校园活动中，这些活动成为实现学校育人理念和目标的坚实路径，并逐步形成了学校鲜明的办学特色。

建构教师学习共同体，促进教师专业发展

教师是立教之本，兴教之源①。作为课程的设计者、实施者和研究者，教师的专业发展水平直接决定着学校课程建设的质量和进程。课程领导不仅体现在校长身上，也体现在每一位教师的日常工作中。随着越来越多的教师致力于实现课程愿景和提升学生学习品质，他们在课程设计、开发、实施和评价等各个环节中发挥着引领和指导作用②。这种教师课程领导力的形成，是课程领导工作的重要成果，不仅促进了教师的专业发展，也培养了教师的专业自觉。对于几乎从零基础开始建构课程体系的学校

① 人民网.习近平向全国广大教师致慰问信[EB/OL].（2013－09－09）[2024－04－01]. http://politics.people.com.cn/n/2013/0909/c70731－22860072.html.

② 黄云峰，朱德全.教师课程领导力的意蕴与生成路径[J].教学与管理，2015(2)：1－3.

来说，建立教师学习共同体是实现这一目标的核心路径。

教师学习共同体是基于教师自愿参与的原则，以“分享(资源、技术、经验、价值观等)、合作”为核心精神，通过共同愿景将教师紧密联结，促进互相交流和学习的学习型组织①。教师学习共同体不仅能为教师的专业发展提供合作学习的环境，还为教师提供一个对话交流的平台，从而促进教师的反思和行动研究。它是推动教师个人专业化和教师团队整体进步的有效手段②③。在实践中，我们围绕生涯课程建设，组建了教师学习共同体，并以课题研究为驱动力，邀请相关领域的专家提供专业的指导和培训，帮助教师通过行动研究提升专业研究能力，通过浸润式体验增强课程领导力，并深化育人理念、创新教育方法、拓展学科知识、提高资源整合能力，全面提升教师的教育教学素养与能力。

(一) 课题引领，教研相长

课题研究是教师以课题为核心，运用教育科学研究方法，有目的、有计划、有组织、有步骤地开展的合作研究④。它是许多学校校本课程开发的主要途径⑤。通过课题研究来开发校本课程，可以确保课程建设的科学性和系统性。2020 年，政立路小学成功申报了包括“五年贯通的小学生涯教育课程体系建设研究”“大中小幼一体化背景下小学生涯教育课程化建设研究”“基于核心素养的小学生涯课程体系建构研究”等市、区级课题。这些课题为我们提供了专业规范的要求与路径，使我们能够探索生涯教育的校本化课程建设。在专家的支持、引领和培育下，课程建设行动研究不断推进，课程内容也在不断优化。同时，我们还有教师陆续成功申报了

---

① 商利民.教师学习共同体研究[D].广州：华南师范大学，2002.

② 牛利华.教师专业共同体：教师发展的新模式[J].教育发展研究，2007(12B)：40－43.

③ 彭婷.共生理论视域下教师学习共同体分析[D].重庆：西南大学，2016.

④ 韩爽.以教师专业发展为指向的名师工作室运行研究[D].长春：东北师范大学，2015.

⑤ 林金昌.构建学习共同体开发高中生物校本课程的研究与实践[D].福州：福建师范大学，2009.

“思维导图在小学中高年级英语语音教学中的案例研究”“家校情境联动下的小学劳动教育实践研究”“‘全员导师制’背景下的小学生三年级职业体验的策略研究”等课题，践行了教研相长的理念。

(二) 专业支持，学用相长

我国生涯教育的起步较晚，小学阶段的生涯教育还处于探索阶段。很多教师，尤其是新入职的年轻教师，对于生涯教育的理念、内涵、目标，以及生涯课程的设计、内容开发和实施等方面缺乏基本的认知和实践经验。这种情况对生涯课程体系的构建和有效实施构成了挑战。为了应对这一挑战，政立路小学邀请了生涯教育专家对全体教师进行通识培训，旨在帮助教师们理解和认同生涯课程建设的重要性。伴随着课程开发的不断深入，我们结合每学期的课程内容与实施方式，逐步对生涯课程的“种子”教师团队进行专项培训。例如，针对生涯教育课程内容的开发，邀请生涯教育专家进行集中培训，一对一辅导，听评课，并参与教研和复盘会。对于以项目化方式开发的课程项目，则邀请市、区课程教研员进行全面的培训与指导。随着各年级课程的持续开发和实施，我们还根据课程开设的主题和探究任务，实施教师培训与行动学习，以提升教师的课程开发能力。

(三) 共同学习，激发团队潜能

在学习共同体中，教师可以共同学习，并通过合作性的实践来丰富自己的教学知识和实践智慧①。学校需要充分调动教师参与课程开发的积极性和主动性②，营造一个支持性的环境，为其专业发展提供肥沃的土壤。

① Thomas G, Wineburg S, Grossman P, et al. In the company of colleagues: an interim report on the development of a community of teacher learners[J]. Teaching and teacher education, 1998, 14(1): 21-32.

② 柴军应.共同体视阈下校本课程开发的长效机制建构[J].当代教育与文化，2014，6(3)：40-44.

同时，我们努力创建平等、对话、协商、共享的生态文化。课程开发团队在建设之初，分为 6 个小组，成员自愿组队，后续在团队成员发展上也采用自主、自愿原则。每学期的课程开发与建设全过程均以小组为单位进行。

在选题阶段，校领导和生涯专家会给出大的方向指引和主题示例，各小组基于团队成员的专业背景、特长、兴趣和资源等情况，争相确定小组选题，每学期的选题研讨会都是生涯课程团队成员脑力激荡的时刻，小组成员之间相互启发，课程团队共享共议，专家与课程开发团队对话互鉴，共同完成一个个具有吸引力的选题。

在课程开发阶段，或由专家带领教师先行完成相关知识学习、实践探索，或由小组合作完成相应课程模块内容和教学活动的设计、教学资源开发等。经由专家一对一数轮反馈，逐步优化完善。

在课程实施阶段，一方面开展集体教研，及时共享、讨论授课过程中的发现和经验，另一方面，体察课程对学生的适用性，深入了解课程对学生的有效性，进行案例研究，进而评估课程效果。

在课程复盘阶段，即每学期末，课程学术委员会成员和教师团队一起开复盘研讨会，不断优化完善课程目标、内容、资源、教学模式、教学方法以及教学评价的相关设计。

总之，在生涯课程建设的过程中，我们始终坚持行动研究的方法，即在实践中探索、在行动中反思成效，并根据反思结构进行调整和完善。我们不仅鼓励教师们积极参与课程建设的全过程，通过浸润式体验和行动研究来提升他们的课程开发能力，还支持他们参与校外听课学习、积极投身于区域课程公开课、进行专题发言，以及自主申请生涯课题、申报课程评优和职称评定等活动，以全面提升教师的专业能力。

在团队的共同努力下，学校中、高级职称教师的数量迅速增加，已经超过了学校前 25 年的总和。此外，越来越多的教师开始在市、区级的教学活动中开展公开课，并获得了奖项。

引领、创生课程价值

课程实践本质上是一种价值创造活动[①]。对于校本课程的建设，我们必须思考：我们为什么要开设这些课程？它们存在的理由是什么？这是校本课程开发的核心问题[②]。简而言之，校本课程建设的价值何在？对于我们这样几乎从零开始系统构建生涯教育课程的学校来说，我们一直在努力回答一个普遍的疑问：为什么要在小学阶段开展生涯教育？开展生涯教育能给学校、学生、老师带来什么？这是一场从学校的传统与优势中找寻方向的旅程，它要求我们贯彻和呼应新时期党和国家的教育方针、政策，确定并紧密围绕学校的办学理念，建构校本课程建设的愿景与目标。在这个持续建设的过程中，我们逐步达成文化自觉。

建构课程建设的愿景与目标：
适应当下　顺应未来

围绕新时期学校提出的“学会自立　生动成长”的办学理念，以及“为

① 靳玉乐.论基础教育课程发展的新理念[J].教育理论与实践，2002(4)：21－26.
② 崔允漷，夏雪梅.校本课程开发在中国[J].北京大学教育评论，2004(7)：30－34,52.

幸福人生奠基的学堂”这一学校发展目标，我们在学校开展了一系列生涯教育探索，提出生涯教育从娃娃抓起的价值在于培育适应当下、顺应未来的时代小主人。一个人的发展贯穿一生，需要在每个当下不断探索、适应周围环境，逐步学会自主自立，做出负责任的选择，并持续为未来做准备。小学阶段，是孩子们从懵懂稚嫩走向自立自主的关键时期。我们期望通过生涯教育，为他们创设丰富多元的体验，帮助他们适应小学生活的当下、顺应充满变化的未来。

学习链接自己与世界。人的全面发展涵盖能力、个性和社会关系等方面。从认识自我、了解周围环境、探索各行各业，到与他人互动、适应环境、理解社会并为社会做贡献，这一过程有助于孩子们从以自我为中心的状态中走出来，积极与他人、社会和时代互动，从而形成自我认同，构建起自己的生活和生命哲学，为未来发展奠定基础。

学习链接学习与生活。教育即生活，今日所学与生活、社会需求息息相关。从充满趣味和成就感的学科学习，到具有多元价值感的综合学习与探究实践，能助力孩子们从当下的学涯顺利过渡到未来的职涯和整个人生，为他们的成长奠定良好基础。

学习链接现在与未来。一个人若是看不到未来，就难以把握现在；反之，若是把握不好现在，也无法看清未来。在当下的家庭、校园和社会生活中，引导孩子们认识自我、了解时代，学会做出选择，能够帮助他们从小我的世界和狭小天地中走出来，成为有时代担当、为社会做贡献的人，找到生命的价值和意义。

贯彻落实新时期教育方针政策：探索五育融合、学科融合双融合

学校系统建构生涯教育课程，这是自党的十八大以来，我国全面深化教育领域综合改革，系统推进育人方式改革的进程中，落实立德树人根本

任务的探索和实践。它也是全校师生共创“社会广泛认同、师生共同喜爱,成为老百姓家门口的好学校”等一系列教育方针、政策的探索和实践。在这一进程中,我们探索育人方式的变革,并着力探索五育融合、学科融合“双融合”,生涯课程是这一系列行动中的重要组成部分。

2019 年 7 月,《中共中央 国务院关于深化教育教学改革 全面提高义务教育质量的意见》明确提出了坚持五育并举,全面发展素质教育的目标①。在这一政策的引领下,政立路小学在最初建设生涯教育课程时,便思考如何在生涯教育课程中探索和实现五育并举。学生是多元的,其生涯发展有无限且多样的可能性,我们坚信这是一块沃土。因此,在组建最初的生涯课程团队时,我们便有意选拔了不同学科背景、执教不同学科的老师,并充分发挥他们的积极性和创意,有意沿着“五育并举”的方向开发多样的生涯课程。经过近一年的努力,在 2020 年 11 月,杨浦区举办的校长特色办学研讨会上,学校校长尝试将课程开展 1 年来的探索、进展与思考进行了分享和交流:

学会自立　生动成长　五育并举下的生涯教育

一、从“学会自立”到“学会自立　生动成长”

多年来,政小实施“自立教育”,在新时期新思考下,五育并举引领下,我们进一步确定学校育人理念为“学会自立　生动成长”。我们实施生涯教育,希望能够系统建构学校育人体系,科学、系统、有效助力学生“学会自立”,整合学校、社会、家庭等多方资源,为学生提供丰富的体验平台,让学生千姿百态、丰富多彩地自我生成、自我展示、自我超越,实现助力学生“生动成长”。在这样的理念下,我们试图起步建构一个贯通五年、聚焦四大领域模块、为学生提供多种丰富体验的生涯教育课程体系。

---

① 新华社.中共中央 国务院关于深化教育教学改革全面提高义务教育质量的意见[EB/OL].(2019-07-08)[2023-06-18]. https://www.gov.cn/zhengce/2019-07/08/content_5407361.htm.

五育并举内涵丰富，尚不能全面覆盖，我们正在起步探索，逐步扩展。当前的试点有：

二、“体验”育德

1. 实施基于学生广泛探索体验的理想信念浸润

我们每个学期开设“校园小岗位”“学科探究”“职业微技能”模块课程，每个课程都是对于一个职业的微体验。比如“小小华佗”课程第一节课，便会与学生探讨中药连花清瘟的重要作用，介绍华佗以及中医药的世界化。

2. 开展基于深度主题探究的品德行为养成

在我们的“生涯主题”系列课程中，设置了诸如“遵守规则”“遵守职责”“塑造坚毅”“礼貌友好表达”等诸多品德行为养成主题。

3. 基于德育内涵的课程设置

“博物馆讲解员”课程将带领学生前往上海财大商学博物馆，学习我国历朝历代的钱币，透过钱币认识中华传统文化。“环保法制宣讲员”课程将带领学生探究《中华人民共和国环境保护法》，学习如何成为一名《中华人民共和国环境保护法》的宣讲员。

三、“拓展”育智

1. 基于问题解决的认知思维训练

孩子们的认知思维能力在逐步发展。在“生涯主题”系列课程中，我们设置了“思维导图”“问题解决”等主题，带领孩子以问题为起点，面向真实生活世界，提高问题解决能力，并将这些思考问题的方法拓展至各类课程中。

2. 基于自驱成长的自觉学习与综合运用

自主学习能力需要逐步培养，对知识的综合运用需要不断拓展。政小生涯教育的四大领域模块之一便为“自觉学习与综合运用”，即一方面带领还体会学习的乐趣、培养自主学习的习惯、优化学习策略，培养多元学习和终身学习能力；另一方面带领孩子们在学习知识的同时，注重联系生活、应用实践、认识社会、创作创新。

3. 基于学科拓展的内在动机生发

孩子们经常会思考"为什么要学这个""学了这个有什么用",这些关乎学习价值和意义的问题。让孩子看到学习的价值和意义,是生涯教育关注的一个重要方面。我们设立了"学科探究"系列课程,例如,三年级下学期将开展"古诗小讲师""校园中的数据统计""英语配音""板报设计"等学科拓展课程。

四、"融合"育体

1. 基于体育活动的综合素养提升

体育活动蕴藏着综合能力培养的诸多面向。政小有着跳绳这一传统优势体育项目,跳绳是政小每一个孩子都喜欢的运动项目。合作互助、处理冲突、设定目标等生涯教育主题都可以与跳绳项目相互渗透,提升孩子们的综合素养、知行合一。

2. 基于角色体验的体育精神领会

体育精神是体育的支柱和灵魂,公平公正是其中一大内涵。我们开设了"小小裁判员"校本课程,带领孩子们从小小裁判员的角色体验中体会田径赛事中的公平公正,并学习如何执裁,以做到公平公正。

五、"环境"育美

1. 基于探究微课程的自然之美

校园绿植是自然之美的一个小缩影。我们开设了"绿植养护"课,带领孩子们在校园中观赏绿植,探究绿植生长,学习绿植养护。

2. 基于仪式活动的校园生活之美

仪式活动是校园生活之美的一大代表。在三年级生涯课中,我们设立了一个主题——学会选择。选择不是一个简单的决策,我们要教会孩子们充分了解和探索选项、了解自己的偏好和擅长,并在此基础上,做出理性选择。我们的课程设置了"校园小岗位""职业微技能"等模块课程,正是学生学习"选择"的好机会。因此,我们组织了缤纷课程嘉年华活动,各课程老师在风雨操场搭展台、着"制服"、设体验、答疑惑,在美美的嘉年华活动现场，完成对课程的深入探究。

3. 基于积极自我概念的心灵之美

助力孩子们形成积极的自我概念是心灵之美的一大核心。每个孩子都是独一无二的，都有自己的闪光点。但是，有的孩子在五年的小学生涯中却是默默无闻的。于是，在毕业典礼现场，我们为每位学生送上了毕业证书和一张定制奖状，如“健康之星”“最佳小助手”……这些称号都是通过班会活动、任课教师反馈等多种形式评选出来的。我们希望孩子们带着自己的优势，带着母校师生的最美祝福，走上新的征程。

六、“综合”育劳

1. 基于角色体验的劳动观念滋养

每个孩子都是校园的主人，都可以尝试探索学习校园里的一个个专业岗位，都可以为校园生活、校园活动贡献自己的力量。在“校园小岗位，我能行”模块课程中，“图书馆管理员”学习“让每本书回到自己的位置”，“小记者”学习采访、报道“最美老师”，“小小主持人”学习校园活动主持……

2. 基于创新创造的劳动能力培植

创新、创造、创作是培养劳动能力的重要过程和成果体现。我们尝试项目式学习，以实现一个小创新或完成一份小创造为出发点和落脚点，带领孩子们策划一份自己青睐的午会时光、制作一份属于自己的生日电子邀请函、策划一次别开生面的爱心义卖营销活动……

3. 基于与职业人面对面的劳动精神感染

劳动精神在新时期每一份职业中都有体现，在每一位匠心职业人故事中可能品读。于是，我们尽力在课程中创造机会，让孩子们与职业人面对面交流，比如，与留法西点师面对面交流，领略创意美食、西点的魔法；与图书馆管理员面对面，体会平凡劳动中的不平凡……

立德树人，五育并举，是新时期每一位教育者的使命。政小的生涯教育，正在路上，生动成长……

随着教育专家学者对“五育并举”理念的深入探讨，我们逐渐认识到这一概念可能带来的理解偏差。2019 年 2 月，中共中央、国务院印发的《中国教育现代化 2035》中明确提出，教育应该更加注重全面发展，大力发展素质教育，促进德育、智育、体育、美育和劳动教育有机融合①。教育界逐步形成共识，认为“五育并举”主要解决的是“全面发展教育体系问题”，强调教育的全面性和完整性，而“五育融合”则关注“全面发展教育机制与方法问题”，强调教育的融通性、有机性。从“五育并举”到“五育融合”的转变，是为了更好地贯彻落实党的教育方针和重大政策，遵循青少年身心发展规律和教育规律、促进青少年学生全面发展②。在这样的背景下，生涯课程因深受学生喜爱和家长好评，成为落实五育并举、五育融合理念的重要平台。教师们在生涯课程中充分挖掘“五育”价值，探索实现五育融合的适宜路径与方式。例如，在开发五年级课程时，我们根据学生的思维发展水平和信息搜集能力等，在专家指导下，确定了“×××时代，来了！”这一大主题，并选择了“共享时代，来了！”“零碳生活时代，来了！”“美丽志愿者时代，来了！”“新媒体时代，来了！”“新国潮时代，来了！”“主播时代，来了！”等 6 个主题。课程设计上，我们安排五年级第一学期让学生了解新时代的特点，第二学期则通过参与典型项目和时代活动的方式，让学生在实践中体验和学习。在这一过程中，德育、智育、体育、美育和劳育得到了充分体现和交叉渗透。例如，在第二学期的项目化学习中，学生在班级内创建共享角，探索低碳实践；在学校选择志愿服务岗位，通过亲身劳动体验，编写志愿者工作手册；结合学校文化与新国潮元素，设计开发新国潮文创产品，并与团队合作进行直播推广……这些活动不仅让学生在接触时代和个人生涯发展的问题时有了认知和实践，还为他们埋下了知行合一的种

① 新华社.中共中央 国务院印发《中国教育现代化 2035》[EB/OL].(2019-02-23)[2023-06-18]. https://www.gov.cn/zhengce/2019-02/23/content_5367987.htm.

② 石中英，董玉雪，仇梦真.从“五育并举”到“五育融合”：内涵、合理性与实现路径[J].中国教育学刊，2024(2)：65-69.

子，促进了他们的全面发展。

在构建学生喜爱的生涯课程时，我们面临如何使之切实有效这一重要问题。生涯教育是注重体验的教育方式，因此在课程建设之初，我们结合学校资源，将探究型课程作为生涯教育的重要载体，并采用项目化学习作为主要的教学方法。探究型课程①以问题为起点，以研究为中心，鼓励学生自主探索，强调团队合作，并重视实践体验。它是基础教育课程的重要组成部分，对于改变学生传统的学习方式、培养创新精神和实践能力，发展多元智能、形成健全人格以及促进学生全面发展具有不可替代的作用②。我们按照探究型课程的实施过程，包括进入问题情境、发现和提出问题、进行探究和实践、表达和交流、反思和深化③，以及项目化学习设计与实施要点，开发一系列以驱动问题为起点的项目化学习活动。2022 年，《义务教育课程方案（2022 年版）》发布，进一步强调了课程的综合化，注重关联，突出实践④，即要“加强课程内容与学生经验、社会生活的联系”“加强课程与生产劳动、社会实践的结合，充分发挥实践的独特育人功能”⑤等。新课程方案要求各学科课程要“加强综合课程建设……注重培养学生在真实情境中综合运用知识解决问题的能力”，这与我们学校生涯课程建设方向高度一致。因此，在《上海市杨浦区政立路小学 2022 年度学校课程计划》中，我们明确提出在生涯教育课程建设中，要注重五育融合以及不同学科之间的融合，将生涯课程作为实现学科融合的重要平台。

在生涯教育课程建设中，我们致力于实现五育融合和学科融合

① 探究型课程，在上海市二期课改中，设置了基础型、拓展型和研究型三类功能性课程。小学和初中阶段的研究型课程，称为探究型课程。

②③ 上海市教育委员会.《上海市中小学研究型课程指南》说明[EB/OL].（2005-01-11）[2020-02-03]. https://edu.sh.gov.cn/zcjd_area_257/20200706/0015-xw_18148.html.

④⑤ 中华人民共和国教育部.义务教育课程方案（2022 年版）[M].北京：北京师范大学出版社，2022：5.

的双重目标。一方面，我们依据中国学生发展核心素养和小学阶段生涯教育目标来设计课程内容。专注于培养学生适应当前小学阶段的学习与生活，以及未来发展所需的正确价值观、必备品格和关键能力。另一方面，我们遵循“聚焦核心素养，面向未来”“加强课程综合，注重关联”和“变革育人方式，突出实践”等基本原则，设计了一系列综合实践活动。这些活动旨在引导学生在真实情境中综合运用所学知识探究、分析和解决问题，体验与思考个人选择与发展，培养有理想、有本领、有担当的时代小主人。

在具体课程开发与实践中，我们特别注重每个生涯课程项目中渗透的学科核心素养和可能用到的学科知识与活动，努力实现学科教学活动与生涯教育的相互渗透和关联。在每个项目化学习开发之初，我们将学科融合作为一个重要议题进行探讨，并在教师手册中明确记录，确保在教学实践中得到有效落实。

生涯教育是注重体验的教育方式，其核心宗旨是为学生创造充分的观察、参与、体验和训练的机会。我们致力于将学生的日常生活与学习紧密结合，培养学生在真实情境中发现自我、发展潜能、澄清目标，同时探究和感知社会，助力学生适应当下，顺应未来。这一共识和价值追求已经成为我们建设生涯课程的共识和价值追求，融入每一位课程团队教师的课程开发、教学、教研和复盘活动中，更融入教学、育人的每一个日常中。

建设课程资源

课程资源是实施课程的基础和条件，其丰富性和适用性直接影响课程目标的实现范围，其开发和利用水平则决定了课程实施的深度和广度[①]。因此，课程资源的管理和优化是课程领导的重要环节，也是教师在专业成长过程中必须掌握的技能。教育部在《关于加强中小学地方课程和校本课程建设与管理的意见》(教材〔2023〕2 号)中明确提出，校本课程建设中应开发运用多形态课程资源[②]，这对于生涯教育课程建设尤为重要。我们持续建设五年贯通的小学生涯教育课程，这是一个从无到有的过程，很大程度上，这是一个不断开发、建设、优化多形态课程资源的过程。

开发丰富的、富有生机的课程资源

陶行知先生说：生活即教育[③]，丰富的环境可以为个体的发展提供多

---

① 余文森，王晞.教育学[M].北京：北京大学出版社，2009：797.

② 中华人民共和国教育部.教育部关于加强中小学地方课程和校本课程建设与管理的意见[EB/OL].(2023－05－17)[2023－06－18]. http://www.moe.gov.cn/srcsite/A26/s8001/202305/t20230526_1061442.html.

③ 陶行知.陶行知文集[M].太原：山西教育出版社，2021：001.

种刺激和机会，促进个体在认知、情感和社会技能方面的全面发展①。生涯发展社会学习理论也提出，影响教育和职业的选择因素中，有许多发生于外在环境中，包括了科技的发展、社会组织的改变、家庭的影响等，甚至包括了教育系统。每个人在这些环境中独特的学习经验，在其决定生涯方向时扮演着重要的角色②。在小学阶段系统建构生涯教育课程，我们希望为孩子们创造一个更有利于他们全面发展、个性成长的校园生活与环境，为他们学习经验的生长和积累创造条件。孩子们的生动成长，依赖于丰富的、富有生机的以课程资源为核心构成的校园环境。

课程资源是指具有教育价值的、能够转化为学校课程或服务于学校课程的各种条件的总和③。自 2001 年《全日制义务教育课程标准（实验稿）》首次提出以来，课程资源已成为历次课程标准、课程方案中的重要组成部分。

课程资源是实现课程育人价值的必要条件，其形式多样，涵盖了教科书、教学挂图、工具书、图书、报刊、电影、电视、广播、网络，报告会、演讲会、辩论会、戏剧表演，图书馆、博物馆、纪念馆、展览馆，布告栏、报廊、各种标牌广告；自然风光、文物古迹、风俗民情、国内外的重要事件、学生的家庭生活、日常生活话题④；实践活动材料、音像资料与信息技术、其他学科的资源、课外活动小组、智力资源⑤；家庭、社区中的各种物质设施、文化教育机构；文化活动、节日；与儿童相关的从事各种职业的人们⑥；各种场

---

① Thelen E, Smith L B. A dynamic systems approach to the development of cognitive and action[M]. Cambridge: MIT Press, 1994: 17.

② 金树人.生涯咨询与辅导[M].北京：高等教育出版社，2007：92 - 93.

③ 范蔚.实施综合实践活动对课程资源的开发利用[J].教育科学研究，2002(3)：32 - 33.

④ 中华人民共和国教育部.全日制义务教育语文课程标准（实验稿）[M].北京：北京师范大学出版社，2001：15.

⑤ 中华人民共和国教育部.全日制义务教育数学课程标准（实验稿）[M].北京：北京师范大学出版社，2001：102.

⑥ 中华人民共和国教育部.全日制义务教育品德与生活课程标准（实验稿）[M].北京：北京师范大学出版社，2001：16.

地器材[1]；学生的生活经验[2]等。可见，生涯课程资源无处不在，它们蕴藏在我们丰富的物质和文化生活中：一切纸质资源与数字资源，日常生活资源与地域特色文化资源，诸如学习过程中遇到的重要问题、学业成果等显性资源和师生在学习方面的兴趣、爱好、特长等隐性资源[3]，校园环境、设备设施、社会资源、网络资源，以及生成性资源[4]、社会教育资源[5]等潜在的、有价值的课程资源，都有待我们充分挖掘和积极探寻。在课程建设之初，我们提出了依托专家团队，整合学校、家庭和社会资源的思路。我们以教师的个体兴趣、能力和专业特长为基础，以校内外实践平台建设为拓展，不断在实践中开发、挖掘和整合课程资源，系统建构校内外课程资源体系。

挖掘以教师为主导的课程资源。教师是最重要的课程资源，不仅影响着课程资源的鉴别、开发、利用和积累，还是课程实施的基本条件。只有充分发挥教师的智力资源，才能最有效地开发课程资源[6]。以政立路小学为例，学校在建构生涯教育课程师资团队时，充分考虑了教师的专业背景和个人特长，并在实践中发挥了重要作用。每学期的项目化学习课程选题研讨会都是团队成员脑力激荡的过程，彼此分享和发现课程资源宝藏。学校通过“校园小岗位，我能行”“美好生活，我能行”“职业微技能，我能行”等模块，开展了一系列以学生为中心的生涯教育课程。这些课程的

---

① 中华人民共和国教育部.全日制义务教育体育与健康课程标准(实验稿)[M].北京：北京师范大学出版社，2001：48.

② 中华人民共和国教育部.全日制义务教育生物课程标准(实验稿)[M].北京：北京师范大学出版社，2001：40.

③ 中华人民共和国教育部.义务教育语文课程标准(2022 年版)[M].北京：北京师范大学出版社，2022：54.

④ 中华人民共和国教育部.义务教育科学课程标准(2022 年版)[M].北京：北京师范大学出版社，2022：130－132.

⑤ 中华人民共和国教育部.义务教育物理课程标准(2022 年版)[M].北京：北京师范大学出版社，2022：57.

⑥ 余文森，王晞.教育学[M].北京：北京大学出版社，2009：828.

主题和学习任务都是由各小组根据每学期的课程构想，通过群策群力生成的。在一年一度的课程嘉年华活动中，每个教研团队一起商讨、设计、实施小组负责的课程推广和体验活动。例如，体育老师开发了“校园小岗位，我能行”模块中的“小小裁判员”和“美好生活，我能行”模块中的“小小运动家——小学生最喜爱的运动排行榜”等课程；音乐老师开发了“职业微技能，我能行”模块中的“烘焙师”课程；上海财经大学的校友老师开发了“职业微技能，我能行”模块中的“图书馆管理员”“博物馆讲解员”课程；而有世博会志愿者培训经验的老师则引入了“美好生活，我能行”模块中的“有志　有愿　等你来——政立路小学志愿者服务手册”课程。

挖掘以学生为中心的课程资源。学生不仅是课程资源的消费者，更是课程资源的开发者①。因此，我们以学生为中心，立足当下，面向未来，开发和利用课程资源。我们希望生涯课程能够为学生建构一个与自然、社会、精神世界互动与统整的平台，帮助他们建构知识、实现自我觉察与发展、探索与认知各种机会，甚至思考生命的意义。因此，在开发和利用课程资源的过程中，必须以学生为本，充分关注他们的学习情况。教育不仅要尊重和基于学生当前的“现实世界”，更要着眼于学生长远的“可能世界”，此外，还要关注学生的“积极世界”，即他们内心的愿望与自我发展的需求②。在实践中，我们一方面结合各年级学生的身心发展特点，设定了五年贯通的目标内涵体系和课程主题。我们开发了各种活动项目，尽可能地联系学生的学习和生活情境。例如，针对三年级学生开始选择项目化学习课程的契机，开设了“不同的选择，不同的结果”“我选择是因为”等主题的生涯主题课程，引导学生学会理性选择；开发了面向四年级学生的“家庭生活中的多样学习”“校园生活中的多样学习”“社会大环境中的多样学习”“成长的秘诀——终身学习”等课程，引导他们充分关注多元学

① 余文森，王晞．教育学[M]．北京：北京大学出版社，2009：833.

② 彬彬．教师开发利用课程资源研究[D]．长春：东北师范大学，2015.

习，树立终身学习的理念。另一方面，我们还链接当下生活、科技应用和未来发展，面向三年级学生开发排行榜系列课程；面向四年级学生开发智能装备用户研究；面向五年级学生开发“×××时代，来了！”系列课程，引导学生链接生活、碰触时代。每学期的生涯课程选课环节，都是检验课程受欢迎程度的重要时刻。学生们的抢课热情为教师的课程开发注入了无限动力。同时，学生在课堂活动和项目实践中所生成的多样化作业与成果，成为教师评估教学效果和项目活动适切性的重要依据，也为学校持续构建课程资源提供了宝贵素材，惠及同伴和后来的学习者。例如，在游戏策划师课程中，四年级的学生为二年级的学生设计他们喜爱的游戏，并通过二年级学生的反馈不断改进和优化这些游戏。我们希望，在生涯教育的陪伴与引导下，孩子们能够逐渐成长为自己、家庭和校园的小主人，为他们的未来发展和幸福人生奠定坚实基础。

挖掘以家庭为支持的课程资源。家校合作，最根本的主导权和推动力在学校[①]。家校合作的核心和动力主要源自学校。生涯教育的课程特性强调了家校合作的重要性。一方面，家长们来自不同的行业，拥有丰富的职业经验，对时代发展、学业、行业和职业有深刻的理解，他们提供了宝贵的职业体验和实践资源，成为学校开展生涯教育不可或缺的一部分。例如，在“职业微技能，我能行”模块中的“哆啦A梦的行李箱——小小收纳师”课程里，从事收纳师职业的家长参与进来，他们在课程设计、实施过程中分享职业知识、收纳技巧，并在项目结束时对学生的成果进行评价，为课程贡献了智慧。

另一方面，我们的生涯课程中的“美好生活，我能行”模块紧密联系学生的日常生活和社区活动，家庭作为学生生活的主要场所，家长作为学生接触最频繁的社区成员，自然被纳入课程设计之中。在“小立立去哪儿

① 郁琴芳.家校合作50例：区域设计与学校智慧[M].上海：华东师范大学出版社，2018：4.

玩——政小学生喜欢的学校周边公园排行榜”课程中，学生需要在课余时间根据小组讨论的评价标准和分工，实地考察公园并记录，然后在课堂上分享并打分，家长在此过程中扮演了重要的陪伴和协助角色。在“今天，你扔对了吗？——最易混淆垃圾排行榜”课程中，学生在实践上海市垃圾分类政策时发现了许多容易混淆的垃圾类型，他们通过研究资料、访问社区工作人员，制作了一份“易混淆垃圾测试卷”，并将家长作为“考生”的重要组成部分，通过评分形成榜单。在实践中，家长们给予了学校和孩子们极大的支持，成为学校生涯教育课程建设的重要资源。

在课程建设中，教师、学生和家长是重要的人力资源。除此之外，还需要开发和积累包括文本、多媒体、实物、活动、互联网和社会组织等在内的多种类型的课程资源。

开发文本课程资源。对于大多数课程来说，教材和练习册构成了主要的文本课程资源。然而，生涯教育课程的建设几乎从零开始，老师们需要从基础做起，逐步开发课程介绍、教案、教师手册和学生手册等文本资源。针对低年级学生，我们特别采用了绘本阅读的方式进行教学。因此，寻找适合一、二年级学生阅读的、与生涯教育相关的主题绘本，并基于这些绘本开发课程，成为老师们的工作重点。所有绘本都须经过学校图书管理员上报审核。

开发多媒体课程资源。PPT 是每门课程的核心多媒体资源。我们还为低年级学生寻找或录制合适的音视频资源，以增强绘本阅读的互动性。在“博物馆讲解员”课程中，学生要挑选一件藏品并准备相应的讲解内容，他们会在参观上海财经大学商学博物馆前进行资料搜集，并与现场的志愿者老师沟通，利用博物馆的在线资源来辅助学习。

开发实物课程资源。教具的开发和积累是课程建设中的关键环节，它们应遵循经济、便捷和安全的原则。例如，在“电子邀请函制作”课程中，作为上海市数字化转型实验校，学校配备的平板电脑极大地方便了学生使用在线软件完成任务。此外，针对四年级的智能装备用户研究项目，教师们精心挑选了智能摄像头、智能头盔、智能平衡车、智能水杯、智能音箱和智能手环等设备，让学生以用户研究员的身份进行研究，并提出改进建议。这些教具不仅促进了学生的实践操作能力，也丰富了课程内容。

开发活动课程资源。活动育人是学校教育的重要组成部分。我们通过生涯课程嘉年华、毕业季活动、生活活动和寒假实践活动等，将生涯教育融入学校教育的全过程。例如，在春节假期，我们鼓励学生以收纳师或营养师的角色参与家庭劳动。教师、学生、家长是课程建设中属于“人员”范畴的重要资源，课程建设过程中还需要开发、利用、积累大量的以文本、多媒体、实物、活动、互联网、社会组织等为素材、载体的课程资源。

开发以互联网为代表的信息化课程资源。信息素养是 21 世纪知识经济时代的关键能力，与终身学习紧密相连。通过培养信息素养来解决问题，本质上就是终身学习的过程①。在我们的生涯教育中，培养学生的信息素养是核心目标之一，而自主探索和信息整合也是我们课程的四大目标领域中的两个重要组成部分。在完成各种项目式学习任务时，学生需要通过多种方式，如观察、在线搜索、采访、问卷调查等，来获取信息。

为了帮助学生更有效地进行信息搜索，我们在三年级开设了课程如“信息搜索知多少”和“百度搜索的‘魔法’”，教授学生如何使用搜索命令来高效地找到所需信息。到了四年级，我们进一步开设了“真假信息，辨辨辨”“有效信息，辨辨辨”“不同观点，辩辩辩”和“不同立场，辩辩辩”等课程，旨在教学生如何辨别、分析搜索到的信息，培养他们的批判性思维能力。

开发社会教育资源。社会理解是生涯教育不可或缺的一部分，它要求我们引导学生提升他们的社会意识、理解和责任感，让他们认识到个人与社会、学业与个人发展、现在与未来之间的联系。这包括了解社会角

① 周建芳，沙玉萍，王一.信息素养与终身学习[EB/OL].（2023－07－27）[2023－06－18]. https://www.chinaooc.com.cn/course/62354c769906eace048c380f.

色、分工的演变以及不同职业对专业素养的要求，从而培养对各行各业的尊重和理解[①]，是中小学生教育的三大内容之一。生涯教育强调体验式学习，尤其是在小学阶段，孩子们的思维以具体形象为主。因此，为他们提供丰富的观察、参与、体验和实践的机会，是确保生涯教育有效实施的关键。这需要整合学校、家庭和社会等多方资源，形成合力，这也是生涯教育课程化建设的基础。学校周边的社区、公共设施、大学和企业都可以成为学校社会教育资源的来源。在实际操作中，我们已经与周边的××社区合作，开发了“今天，你扔对了吗？——最易混淆垃圾排行榜”课程，并与上海财经大学图书馆和商学博物馆合作，开发了“图书馆管理员”和“博物馆讲解员”等课程，这些都是生涯教育课程化建设的实践案例。

以支持学生深度学习为宗旨，开发、利用课程资源

校本课程开发的核心价值在于增强课程的适应性，促进学生个性化成长；提升教师的课程意识，推动其专业发展；以及实现学校课程的创新，塑造学校的特色。这些目标最终都是为了实现学生潜能的多样化发展[②]。这与生涯教育促进学生全面发展和终身发展[③]的目标不谋而合。根据政立路小学的教育理念，我们在开发和利用课程资源时，始终以培养学生的自立能力、活泼成长和深度学习为重点。

深度学习是新时代对终身学习的要求，它要求学习者不仅要掌握知识和技能，更要掌握如何管理知识的能力。我们鼓励学生在真实的学习情境中，围绕自己感兴趣的主题，参与项目式学习，学习分析问题、解决问

① 徐国民，杜淑贤，钱静峰. 中小学生涯教育理论与实务[M]. 上海：上海交通大学出版社，2017：167－175.

② 崔允漷，夏雪梅. 校本课程开发在中国[J]. 北京大学教育评论，2004(7)：30－34，52.

③ 上海市教育委员会. 关于加强中小学生涯教育的指导意见[EB/OL]. (2018－03－26)[2020－04－26]. http://edu.sh.gov.cn/html/xxgk/201803/402152018002.html.

题，并创造新事物和新观点，以此培养学生的高阶思维能力。这是我们课程建设的目标，也是我们开发和利用课程资源的基本原则。在实践中，我们设计了“校园小岗位，我能行”“职业微技能，我能行”“美好生活，我能行”等项目式学习活动，以及相关的任务设定和课程资源开发，都是基于这一原则进行的。“生涯主题成长，我能行”项目则是为了培养学生在完成项目和自主发展过程中所需的综合素养，如信息搜集、团队合作、财商、问题解决、自我觉察和目标管理等。这四大主题相互补充，各类课程资源为学生从一年级到五年级的成长提供了充分的支持。

以服务课程目标与设计，整合运用课程资源

课程资源遍布校园内外，教师在开发和利用这些资源时，需要与设定教学目标、选择教学活动、组织教学过程和制定评估方案相结合[①]。因此，确保资源能够充分服务于课程目标、内容、教学形式设计或项目开发是至关重要的。我们为1—5年级学生设计的生涯教育课程是整体规划的，每个学期的“生涯主题成长，我能行”“校园小岗位，我能行”“职业微技能，我能行”“美好生活，我能行”等项目式学习和校园活动都是系统性开发的。这些资源综合起来，服务于不同的课程主题、项目以及每个学年和学期的课程目标。

以三年级为例，第一学期我们设定了不同的项目在“校园小岗位，我能行”和“职业微技能，我能行”模块，让学生进行选择，这涉及生涯发展中非常关键的“选择与决策”主题。因此，在“生涯主题成长，我能行”模块中，我们设计了“认识自我”“探索信息”“做出选择”等主题，并开发了“掌中宝”等课堂活动资源。我们还增加了课程嘉年华等校园活动，将课堂学

① 申仁洪，黄甫全.学习化课程资源：课程资源的价值重构[J].课程·教材·教法，2004(7)：7-14.

习与活动相结合，帮助学生学习如何全面了解自己、掌握课程信息，并做出理性决策。

具体到某个项目，我们也会整合各类资源。例如，在“博物馆讲解员”课程中，鉴于许多博物馆缺乏专门针对小学生的藏品讲解，我们设定了小组任务：选择一件藏品，并完成一段适合小学生的讲解。这要求学生从儿童的视角观察和理解藏品，并用自己的语言和形式进行讲解。为了充分了解藏品，我们改变了以往只是带学生在博物馆简单参观的做法，而是与博物馆的负责老师充分沟通，利用博物馆的在线资源在课堂上向学生介绍。学生手册中增加了“我对这件藏品有点好奇”的练习，让学生在进入博物馆后，除了听博物馆老师的整体介绍外，还安排了上海财经大学的学生志愿者与他们就选择的藏品进行深入交流，从而完成展馆探索和藏品学习的任务。通过这些丰富的课程资源，我们支持学生完成了他们的探索任务。

建立局域网，实行课程资源校内共享

在校本课程的设计和实施过程中，每一个项目、课程主题均由不同小组、教师负责，这就需要建立共享机制，供更多的教师学习、使用。学校的局域网和共享云盘为教师们提供了便利，使他们能够轻松地分享教学计划、课程材料和其他教学资源，从而支持持续地学习和教学改进。

第七章

课程建设反思与展望

在致力于立德树人这一根本任务，并努力构建一个涵盖德智体美劳全面培养的教育体系的过程中，校本课程承担着特殊的使命——丰富课程供给，增强课程对学生和学校的适应性，满足学生的个性化学习需求，培养他们的兴趣爱好和发展特长；同时，注重引导学生及时了解经济社会和科技领域的最新进展和成果，体现学校文化，增强学校的办学特色，并促进教师的专业发展[①]。我们持续推进基础教育教学的深化改革，根据学校的具体情况制定“一校一策”，将国家统一制定的育人“蓝图”细化为学校的育人“施工图”[②]，并不断优化实施，形成具有学校特色的育人图景。同时，我们需要建立一个多方参与、齐心协力、相互配合的共同育人的工作格局。这要求我们围绕育人目标，协调各支力量，形成育人合力，并统筹课堂、校园、社区、家庭、社会等各个阵地，营造一个协调一致的良好育人环境[③]。一路走来，我们越来越坚信：构建一个多元主体参与的课程治理体系，是实现现代学校教育治理的必要举措[④]。

---

① 中华人民共和国教育部.教育部关于加强中小学地方课程和校本课程建设与管理的意见[EB/OL].(2023-05-17)[2023-06-18]. http://www.moe.gov.cn/srcsite/A26/s8001/202305/t20230526_1061442.html.

② 教育部办公厅.教育部办公厅关于印发《基础教育课程教学改革深化行动方案》的通知.[EB/OL].(2023-05-09)[2024-06-20]. http://www.moe.gov.cn/srcsite/A26/jcj_kcjcgh/202306/t20230601_1062380.html#:~:text=%E5%85%A8%E9%9D%A2%E6%8A%8A%E6%8F%A1%E6%9C%AC%E5%9C%B0%E5%8C%BA%E5%9F%BA%E7%A1%80%E6%95%99.

③ 胡定荣.论学校课程治理变革的意义、性质与任务[J].教育学报,2019,15(2):33-40.

④ 刘晓昶.构建多元主体参与的课程治理体系[J].中国教育学刊,2019(5):103-104.

从双融合路径探索走向学校育人文化的传承与时代发展

在生涯教育课程中,我们坚持“五育融合”和“学科融合”的双融合策略,这是我们在校本课程建设中明确提出的,旨在坚持素养导向、强化学科实践、推进综合学习的重要路径。

在上一阶段,我们已经完成了1—5年级的小学生涯教育课程建设,并在学校仪式教育(如五年级毕业季、三年级十岁生日、开学典礼)、校园文化建设中融入生涯教育,还有部分老师探索在学科教学中融入生涯教育的方法。“五育融合”“学科融合”的双融合策略正逐步成为教师在设计和实施生涯课程时的有意识的探索与努力。

当前,学校正在探索如何在国家课程——综合实践活动课程和劳动教育课程中融入生涯教育,并在更广泛范围内——包括各科教学、校内外活动、导师制、家庭教育、校园文化建设等实现生涯教育的融通。“五育融合”和“学科融合”的双融合仍旧是我们努力的方向。显然,这需要学校层面的统筹规划和顶层设计,将学校的育人目标有机地融入各个育人环节。同时,也需要持续提升教师对五育育人价值、学科核心素养、五育融合、学科融合内涵的理解,以及创新实施方式的意识和能力,让双融合成育人的自觉行为。

从协同育人机制探索走向学校育人生态的进化与双向赋能

每个孩子都是独一无二的,他们全面而个性的成长需要丰富的教育资源来提供尝试、探索和滋养的空间。我们期待生涯教育能够给学生带来适应当下、顺应未来的生命力积淀。生活性和时代性是我们在建设生涯教育课程时的基本原则，而这都依赖于丰富且充满活力的课程资源。学校课程建设需要培养一个可持续发展的学校、家庭和社会协同育人的生态系统。学校需要对课程建设目标、需求和学生现状有充分的了解，并充分利用好学校、家庭和社会中的潜在课程资源。我们努力让学生通过学校课程体验多样化的家庭生活，积极参与城市建设和社会活动中，学习做学校小主人、家庭小主人和时代小主人。

杨浦滨江的百年工业印记和历史变迁等待着我们去探索，学校周边的复旦大学、上海财经大学等高校资源吸引着我们学生的目光。上海市正在建设国际经济中心、金融中心、贸易中心、航运中心和科技创新中心“五大中心”，是孩子们成长和建设的家乡。我们致力于打破学校边界，实现“适应当下，顺应未来”的价值主张。

从课程治理范式探索走向学校育人方式的突破与高质量创变

在课程治理的框架下，所有课程利益相关者的专业观点和教育需求都应当得到认可和尊重。教师和学生是课程治理中最核心的两个主体：课程是面向学生的，由教师设计和实施，生动的课堂和丰富的课程也是由师生共同创造的。学校的角色是为课程的活力发展提供支持，为师生的成长提供肥沃的土壤。此外，教育专家、家庭、社区和社会都是学校课程建设的重要资源。当所有利益相关方共同承担课程目标，致力于提高课程水平和课程实施质量时，我们就能实现课程的育人价值，这是课程治理的终极目标①。

在上一轮课程建设中，教研团队对课程价值逐渐形成共识。教师们对生涯教育和项目化学习的理解与创新能力不断提升。在专家的指导

① 周彬.学校课程治理：内涵、路径与保障[J].全球教育展望，2021(2)：3－13.

下，我们的选题研讨、听课教研和复盘督导已成为常态，并且我们已经尝试了充分开发校外课程资源，与场馆专家和志愿者进行了有效的沟通和协作。展望未来，我们还需要探索建立课程审议和过程参与机制，将以课程价值共识为基础，建构一个协商民主、高质高效的学校课程治理模式，实现学生和教师的生动成长，并促进各方在课程建设中的共建、共治和共长。